O Grande Diário do Pequeno Ator
crescendo com o Macunaíma

2 COLEÇÃO MACUNAÍMA NO PALCO: UMA ESCOLA DE TEATRO

Edição de texto:	MARCIO HONORIO DE GODOY
Revisão de provas:	LUCIANA DE ALMEIDA TAVARES
Capa e projeto gráfico:	SERGIO KON
Produção	RICARDO NEVES, SERGIO KON, RAQUEL FERNANDES ABRANCHES, ELEN DURANDO E LUIZ HENRIQUE SOARES

Debora Hummel
Silvia de Paula
(orgs.)

O Grande Diário do Pequeno Ator

crescendo com o Macunaíma

CIP-Brasil. Catalogação-na-Fonte
Sindicato Nacional dos Editores de Livros, RJ

G779

O grande diário do pequeno ator : crescendo com o Macunaíma / organização Debora Hummel, Silvia de Paula. – 1. ed. – São Paulo : Perspectiva, 2014.
264 p. ; 21 cm. (Macunaíma no palco : uma escola de Teatro; 2)

ISBN 978-85-273-1022-2

1. Representação teatral. 2. Teatro. 3. Diários. I. Hummel, Debora. II. Paula, Silvia de. III. Série.

14-17075
CDD: 792.02
CDU: 792.02

22/10/2014   22/10/2014

DIREITOS RESERVADOS À

EDITORA PERSPECTIVA S.A.

AV. BRIGADEIRO LUÍS ANTÔNIO, 3025
01401-000 SÃO PAULO SP BRASIL
TELEFAX: (011) 3885-8388
WWW.EDITORAPERSPECTIVA.COM.BR

2014

Sumário

Prefácio
por Emilia Cipriano
9

1. O Pássaro Azul
   por Luciana Magiolo
   11

2. O Show Tem Que Continuar!
   por Ariane Moulin Pedra
   47

3. Aventuras no Olimpo
   por Lívia Figueira
   93

4. O Circo em um Sonho:
   Relatos do Trabalho Social do Macunaíma
   por Marcia Azevedo
   127

5. A Magia de Ser Criança
   por Silvia de Paula
   221

Prefácio

uma escola de teatro;
um espaço de educação;
um espaço de construção de identidades;
um espaço de relações humanas;
um espaço de vida!

O *Grande Diário do Pequeno Ator* traz, no bojo de sua construção, uma série de significados referentes ao sentido de ser educador/ator através da linguagem da arte. É um exercício de registro/documentação de um processo vivido com muitos saberes, descobertas e experiências partilhadas.

O encantamento por essa produção centra-se na relação dialógica entre professores e alunos, inspirados numa educação em que cada fazer intencional revela a busca de múltiplas representações de alunos/atores e professores/educadores/atores.

Investigar o pensamento dos alunos e mediar as suas indagações, por meio de uma metodologia prática-reflexiva, passa a ser um objeto de análise e reflexão, quando o jogo teatral se estabelece por meio de um movimento da roda de conversa, de trocas, de relações, fontes de inspiração para um olhar mais artístico, intenso e profundo, no qual há uma trama entre expectativas, conflitos, frustrações e capacidade de fazer escolhas.

Nesse movimento dialético, vivenciado pelos sujeitos da ação, descobrem-se, no caminho percorrido, espaços de criatividade, estética e posicionamento ético, em que a escuta sensível e o olhar solidário atualizam-se no respeito ao outro, despertando o encantamento do ser ator, escritor e plateia.Inspirada em uma educação transformadora e humanizadora, a Escola de Teatro Macunaíma, para celebrar sua trajetória de 35 anos plena de conquistas, presenteia-nos com essa produção que, com toda tenuidade, desvela a essência do cotidiano da sala de aula.

O show vai começar! Permitam-se, com esses alunos/atores, compor a cena... Ação!

Emilia Cipriano

1.
O Pássaro Azul

Luciana Magiolo

Encontro I
20.08.2008

Iniciamos nosso primeiro encontro em roda. A faixa etária da turma era de oito a treze anos. Metade do grupo já havia montado peças no semestre passado com a professora Vivian Roizman. Os demais chegaram curiosos e calados. Aproveitei a conversa inicial das meninas para nos apresentarmos. Em seguida, pedi a elas que contassem aos novos colegas como seria a nossa rotina no curso de teatro.

– A gente sempre faz um aquecimento, escolhe um tema para montar uma peça...
– A gente ensaia e inventa as falas...
– O que mais?
– Desenha os figurinos e o cenário.

Nesse momento, fiz questão de ressaltar os pontos importantes do nosso processo, como autonomia, autoria, colaboração, entre outros (mais adiante, ainda pretendia voltar a esses tópicos).

– Outro ponto importante são os combinados. Quem pode explicar o que eles significam para nós?

– "Tipo" as regras, o que não podemos ou podemos fazer.
– Serve para depois não dar "rolo".
– Podemos dizer que eles guiam nosso processo?
– Claro!
– E quem cria essas regras?
– Nós e o professor.
– Quais os combinados que vocês já tinham e quais seriam os novos que gostariam de acrescentar?
– Tirar os sapatos.
– Cooperar com os outros.
– Ouvir a opinião do grupo.
– Ficar quieto quando a professora estiver falando.
– Desligar o celular ou deixar no vibra.
– Registrar a nossa história em um caderno que será levado para casa a cada aula por quem tiver o interesse em registrar.
– Então, vamos começar nosso processo com esses combinados e, durante nossos encontros, podemos revisitá-los. Assim poderemos ver se estamos felizes com eles. Outro ponto que eu gostaria de abordar é qual o melhor horário para fazermos o intervalo: no meio do encontro ou no final? Pergunto isso porque fiquei sabendo que no semestre passado vocês faziam no final.
– Na verdade, acho melhor fazer no meio.
– Eu também.

Achei por bem perguntar a cada um qual seria o melhor momento para se fazer o intervalo, mas todos preferiram fazê-lo no meio do dia, ou seja, às 15h30. Depois, quando nos levantamos para brincar, eles quiseram fazer o jogo "Do Espelho". Estavam eufóricos e, após o próprio grupo ter explicado a atividade para quem não a conhecia, iniciamos o jogo. No final, perguntei por que ele era tão divertido.

– Porque fazemos a mesma coisa.
– Por ter um "palhaço" à sua frente te imitando.

– E depois você também não vira esse palhaço?
– Sim, mas isso é muito legal.
– Ter ideias novas, diferentes.
– Posições esquisitas, diferentes.

Aproveitei que estavam em dupla e propus a brincadeira do "Som e Movimento", na qual uma pessoa faz o som e a outra reage com o corpo. Foi bem interessante e eles "curtiram" o jogo. Logo após o intervalo dividi o grupo em dois, intercalando pessoas novas com as do semestre passado, e lancei algumas perguntas:

– Quantas peças já montaram? Como foi o processo? O que vocês mudariam? O que vocês acrescentariam? Quais são os seus desejos para esse semestre?

Para a primeira pergunta, responderam:

NAUM: *Tudo Tem Seu Tempo*.
BIANCA: *Tudo Tem Seu Tempo*; *Voltando ao Egito*; *Recicláveis e Não Recicláveis*.
JUSSARA: *Um Dia no Shopping*.
PAULA: *Feiurinha*; *Vale Encantado*; *As Crônicas de Nárnia*; *Mansão Mal-Assombrada*.
DARA: *Tudo Tem Seu Tempo*; *Romeu e Julieta Não Morreram*; *Entre o Ódio e a Amizade*.

Entre as crianças, mesmo os alunos novos já tinham tido alguma experiência com o teatro no colégio.

Para a segunda pergunta, disseram:

BIANCA, NAUM e DARA: Nós montamos a peça *Tudo Tem Seu Tempo* inteira, mas mudamos muito a parte final do roteiro, pois não combinava com o começo.
BIANCA: Nós começamos a peça já na metade do semestre, então o processo teve que ser rápido.

Diante da terceira pergunta, enfatizaram:

> BIANCA: Mudaria sua personagem. E começaria a montar a peça mais cedo.
> NAUM: A personagem.
> DARA: Mudaria a cena final.

Em resposta à quarta pergunta, disseram que acrescentariam mais músicas em *Tudo Tem Seu Tempo*, inclusive novas. Já para a quinta pergunta, frisaram:

> BIANCA: Queria fazer um papel diferente (não quero ser patricinha).
> DARA: Fazer uma peça mais longa (não muito).
> PAULA: Fazer uma peça diferente, "tipo" mistério.
> JUSSARA: Queria concluir o semestre com uma peça bem criativa.
> NAUM: Não escreveu e nem disse nada.

O segundo grupo, de um modo geral, em resposta à primeira pergunta disse que havia montado três peças (somente uma das alunas novas tinha montado apenas uma): *Mistério no Egito*; *Tudo Tem Seu Tempo*; *Recicláveis e Não Recicláveis*. De acordo com a segunda pergunta, explicaram que para *Mistério no Egito* o processo foi regular; para *Tudo Tem Seu Tempo*, foi legal; mas para *Recicláveis e Não Recicláveis* foi vergonhoso. Para a terceira, frisaram que mudariam tudo: figurino, fala e história. Em relação à quarta pergunta, evidenciaram que acrescentariam mais falas, cenário e música. Para a quinta, enfatizaram o desejo de conseguir fazer uma peça legal; de se divertir; de travar amizades; e melhorar na atuação.

Em roda, iniciei uma conversa para melhor entender as respostas. O que senti foi que parte do grupo tinha o desejo de melhorar sua atuação e montar um espetáculo com mais detalhes, principalmente no que se refiria ao cenário, ao figurino e à música.

Eles queriam se sentir bem em cena, orgulhosos do que fariam no palco. Achei interessante essa preocupação, mas não gostaria que o processo fosse sufocado por esse desejo. No entanto, como acreditei na sinceridade das respostas, ainda pretendia voltar a elas durante os nossos encontros, sobretudo porque o desafio desse semestre seria associar o processo com a criação do espetáculo.

Depois de termos conversado, partimos para um jogo teatral: "Estátua", em dupla e em grupo. Quando começamos o jogo em grupo, acrescentei uma palavra para cada um deles: saudade e tristeza. As improvisações ficaram muito interessantes. Os dois grupos conseguiram transmitir, por meio das estátuas, as palavras solicitadas e, em consequência desse item, a criação foi estimulada. No término do dia, como tarefa, cada um teria que pensar em livros, peças de teatro, contos, poesia, enfim, em materiais que deveriam ser trazidos na próxima aula.

Encontro II
27.08.2008

Iniciamos em roda, na qual houve chamada e um bate-papo geral. Em seguida, partimos para as brincadeiras. A primeira foi o jogo "De Confiança", que eu tinha aprendido com outra turma. Em dupla, enquanto uma criança ficava de olhos fechados, a outra a conduziria. Dessa forma, quando a criança guia colocava a mão nas costas da criança guiada significava andar à frente; a mão no ombro direito implicava em virar à direita; a mão no ombro esquerdo indicava virar à esquerda; e quando a mão era tirada, a criança guiada tinha que parar. No começo, uma das alunas ficou reticente. Ela contou que na escola, durante o exercício de confiança, a pessoa que a conduziu, por maldade, deixou que ela batesse a cabeça na parede. Perguntei se ela confiava em mim e se queria que eu a conduzisse, mas ela optou por escolher uma das amigas, que a dirigiu com tranquilidade. O exercício foi curto, mas muito interessante.

Na sequência, em roda, brincamos de "Gato e Rato", um jogo divertido e muito movimentado, no qual o grupo tinha que fazer uma roda para representar uma gaiola. A pessoa que ficasse dentro da gaiola seria o rato e a outra, que deveria estar fora da roda, seria o gato que, por sua vez, tinha que tentar pegar o rato, enquanto a roda ditava as regras de quem entrava ou saia da gaiola. A algazarra foi grande. Por fim, ainda brincamos de "Viúva", um jogo que eles não conheciam. Expliquei que, em dupla, uma pessoa devia se sentar em uma cadeira enquanto a outra ficaria em pé atrás dela. No entanto, um dos jogadores ficaria sozinho, ou seja, sem ter alguém sentado na cadeira à sua frente. Prosseguindo, enfatizei que o objetivo de quem estava sozinho seria o de trazer alguém para si, piscando para os que estariam sentados. Dessa forma, aqueles que eram convidados pela piscada para formar uma nova dupla teriam que tentar sair, mas, obviamente, seriam impedidos pelos que estavam de pé à sua frente. No fim da atividade, saímos para o intervalo.

Na volta, abri a roda e perguntei quais eram os desejos para o semestre:

– Não ter "defeitos" especiais!

Explicaram que, no semestre passado, alguns recursos, como a projeção, não funcionaram no momento do espetáculo, o que foi muito frustrante para todos. Depois, alguns lançaram alguns livros como ideias, entre os quais se destacaram *Viagem ao Centro da Terra*; *Poderosa*; *A Menina Que Roubava Livros*; *Sherlock Holmes*; *Longe É um Lugar Que Não Existe*; e, por fim, *O Senhor dos Ladrões*. As meninas que trouxeram a ideia de *O Senhor dos Ladrões* começaram a contar um pouco da história. Após o resumo apresentado por elas, fiz algumas perguntas:

– O que podemos aprender com essa história?
– Aprender sobre Veneza, que é onde se passa a história.
– Aprender a fazer um cenário diversificado.
– Qual o conflito da história? Ou melhor, vocês sabem o que é um conflito?
– Uma briga, uma consequência ruim.
– Uma parte da história que acontece, uma parte principal do fato da história.

Completei, dizendo que era algo que movia a trama e as personagens; mas insisti em saber qual seria o conflito da história citada. Nesse momento, as meninas ficaram perdidas (e eu acreditei que elas nunca haviam parado para pensar numa história em termos de conflito), mas responderam:

– O conflito é que eles são órfãos e tinham que se manter, mesmo sendo crianças.
– Qual a mensagem que a história nos transmite?
– São crianças que dependem de um ladrão, que também era criança e, mesmo querendo ajudar, os demais descobrem que ele não era órfão e se revoltam contra ele. Também que mentir não leva a nada. São crianças que querem crescer.
– Tem personagem para todo mundo?
– Podemos criar mais.

Seguimos adiante, falando dos outros livros. Alguns foram citados, mas como eles não conheciam a história, porque quem havia trazido o livro não o tinha lido, então, partimos para aqueles que foram lidos. Entre eles, surgiu *O Mistério da Casa Verde*, uma história que se passava num bairro do Rio de Janeiro. Eram lendas do bairro, nas quais alguns garotos tentavam descobrir o mistério da Casa Verde (que, na verdade, era um hospício). Quando perguntei sobre o que poderíamos pesquisar, reinou certo silêncio, até que uma das alunas, que havia lido o livro, respondeu:

– Poderíamos pesquisar sobre o bairro, os costumes.
– E, em sua opinião, qual é a mensagem da história? O que podemos dizer à nossa plateia com essa história?
– Que as conclusões precipitadas podem ser erradas.

O outro texto era *A Droga do Amor*, que falava sobre um grupo de jovens. Porém, a contação da história ficou um pouco confusa, pois a aluna que a havia lido, não se lembrava da mesma. Depois, foi a vez de *Goosbups*, história na qual uma menina compra uma câmera mágica que tinha um segredo: ela podia prever o futuro. Após a rodada de opções, dividi o grupo em dois. Assim, cada um deveria escolher uma das histórias contadas para improvisar. O interessante foi que ambos os grupos improvisaram trechos da história *O Senhor dos Ladrões*. Eles tinham se entusiasmado com a trama e pediram para ver o filme. Disse que o veríamos na semana seguinte e, talvez, até pudéssemos ler alguns trechos do livro, já que a aluna que o havia lido também ficou de trazê-lo.

Encontro III
03.09.2008

Iniciamos em roda, mas a turma já estava um tanto eufórica para ver o filme *O Senhor dos Ladrões*. Contudo, fiz a chamada e ainda conversamos um pouco. Conforme havia prometido, a aluna trouxe o livro, um resumo da história e das características das personagens. Perguntei se gostariam de ver o filme no primeiro horário ou depois do intervalo. Porém, todos responderam que queriam ver no primeiro bloco. Então, combinamos de interromper na hora do intervalo. O filme se passa principalmente em Veneza; as personagens são crianças que viviam em um cinema abandonado e que tinham uma espécie de protetor, outra criança, a quem eles chamavam de senhor dos ladrões. Duas crianças perdidas se unem a eles no transcorrer da história e, no meio da trama, ainda surgem dois adultos que se juntam ao grupo. No entanto, como grandes vilões, ambos chegavam a ser caricatos. De certa forma, o filme tinha muitas lacunas, o que deixou confusa a parte referente à história do carrossel encantado: quem brincava nele voltava a ser criança ou se tornava adulto, dependendo da maneira como agia.

Mas, conforme havia sido previamente combinado, fomos para o intervalo, momento em que pude sentir certo desânimo com relação à história. Mas outro fato também me chamou a atenção. Duas alunas, que tinham entrado nesse semestre, me procuraram para dizer que as meninas que haviam trazido a proposta do livro já estavam dividindo os papéis. Expliquei a elas que o processo de escolha das personagens era feito de maneira coletiva, em grupo, portanto, elas deveriam ficar tranquilas. Logo após, voltamos para a sala. Perguntei se eles queriam encerrar a sessão, pois já havíamos visto um pouco do filme. Porém, como era de se esperar, eles quiseram ver até o fim. No término da sessão, abri a roda para conversarmos. Minha primeira pergunta foi se gostaram. Todos foram unânimes em dizer que sim. Já a minha segunda pergunta foi se era essa a história que eles queriam encenar. No entanto, a esmagadora maioria disse que não.

Minha sensação de que o encantamento havia se perdido infelizmente estava certa. Perguntei o que havia causado tanto desânimo, já que na semana anterior eles praticamente haviam optado pela história. Algumas respostas surgiram:

– São poucas personagens.
– Mas podemos criar outros.
– Mas não ficaria legal.
– E a história se passa em muitos lugares.
– Nós podemos resolver essa questão usando a criatividade para inventar esses espaços.

O que ficou dessas e de outras respostas foi que o filme matou a imaginação deles. Tudo havia ficado concreto demais, sugestionável ao extremo. Nesse sentido, errei em permitir que o filme fosse visto nessa fase do processo. Então, resolvemos trazer outras opções para a próxima semana. Depois, em uma conversa com a coordenação, contei sobre as meninas que haviam dividido as personagens entre elas, sobre o fiasco da sessão e também a respeito de uma característica presente em algumas pessoas do grupo: a tendência para mandar, ao invés de colaborar. Em consequência, surgiu um texto como opção pedagógica para o grupo: O Pássaro Azul. Escrito de forma belíssima por Maeterlinck, o texto narra a história de dois irmãos muito pobres, que saem em uma busca fantástica pelo tal pássaro azul. Além de o texto ter características semelhantes a O Senhor dos Ladrões, ou seja, crianças pobres que buscam a felicidade, ainda havia a possibilidade de criar núcleos, nos quais todos poderiam ter boas cenas. Desse modo, também teríamos como viabilizar um processo de vivência teatral. No próximo encontro, levaria o texto e plantaria nos alunos o encantamento necessário para que todos tivessem uma trajetória repleta de novos desafios, bem como recheada de motivação.

Encontro IV
10.09.2008

Iniciei em roda, para conversarmos sobre a semana e assuntos afins. Após a chamada, partimos para as brincadeiras: "Pula Carniça", espécie de pega-pega em que parte da turma ficava sentada, enquanto duas crianças corriam como gato e rato. Para escapar, a criança que representava o rato teria que pular alguém que estivesse sentado no chão. Se conseguisse, a criança sairia do seu lugar para pegar quem antes era o pegador. Também brincamos de "Hipnotizador e Hipnotizado", um jogo de condução e concentração em que uma criança conduz outra pela sala, usando a palma da mão. Por fim, ainda brincamos de "Pega Varetas Humano", um jogo em que todos recebem um número e, em seguida, o primeiro deve fazer uma postura de estátua. Depois, consecutivamente, um por um vai entrando na brincadeira para completar os espaços vazios até que todos estejam numa grande massa humana. Feito isso, o número um deve sair sem tocar nos colegas, sendo seguido pelos outros até que todos tenham desmontado o amontoado de crianças.

Após as brincadeiras propus uma improvisação em dois grupos. Eles teriam que encenar um conto de fadas, só que mudando o final. Um dos grupos improvisou *Chapeuzinho Vermelho*, em cujo final o caçador matava todo mundo. No entanto, o coitado do lobo estava apenas fazendo uma visita para uma velha amiga: a vovozinha. O outro improvisou *Os Três Porquinhos*, no qual o lobo somente queria entrar para participar da festa que estava acontecendo na casa de tijolos. Terminados os improvisos, fomos para o intervalo.

Ao voltarmos, abri a roda para falarmos sobre a montagem. Um dos alunos apareceu com um monte de livros e resolvi deixá-lo apresentar suas propostas. Era sobre uma série de TV chamada *Goosebumps*, que conta histórias de terror. Lancei as perguntas sobre o que poderíamos aprender com o tema e qual seria a mensagem. A resposta foi:

– Não tem mensagem, é só uma história!

Em seguida, apresentei *O Pássaro Azul*. Felizmente, senti que, durante a contação da história, eles foram se empolgando com a aventura das crianças que partiam em busca do pássaro. No final, já estavam envolvidos e interessados, fazendo perguntas e pensando em cenas. O processo foi interessante porque, se no começo eles pareciam um pouco reticentes em ouvir uma história trazida por mim, em quase uma negação inconsciente de algo trazido pelo adulto-professor, aos poucos foram se envolvendo, tanto que já fomos pensando em soluções cênicas, número de personagens e quais quadros teriam que ser adaptados ou cortados. Por fim, quando perguntei se gostariam de montar a história, a resposta foi unânime.

Para completar, ainda pedi que os dois grupos escolhessem um dos trechos da história e montassem uma improvisação partindo desse material. Foi curioso, porque ambos improvisaram o quadro da floresta, no qual as árvores tentavam impedir que as crianças achassem o pássaro azul. Mas os dois grupos usaram formas diferentes de improviso: um subiu num banco para representar as árvores, enquanto o outro as representou em uma roda, com todos em conjunto. Finalizei nosso encontro com todos tranquilos porque tínhamos uma peça que alimentava parte dos desejos apresentados por eles.

Encontro v
17.09.2008

Nesse dia, teríamos o desafio de contar a história escolhida a duas alunas, que não estavam no dia em que escolhemos a peça. Também era preciso explicar que, após uma conversa com a coordenadora Débora Hummel, havia sido mudado o encaminhamento feito à turma, ou seja, eu tinha proposto a peça O *Pássaro Azul*. Dessa forma, também poderia rever o combinado antes estabelecido, que era o de esperar que elas voltassem para votar. Continuando com a explicação, diria que um dos motivos da minha decisão era a importância de partirmos de uma peça de teatro, algo que seria totalmente novo para eles, e que não gostaria de criar um clima ruim na sala, com uma parte da turma estabelecendo o ritmo dos encontros, algo que infelizmente já estava acontecendo, pois o comportamento de algumas alunas antigas estava tendendo para o autoritarismo, e isso criava insegurança em alguns alunos que se sentiam reféns dentro do grupo. Abri a roda e, quando começamos a falar sobre a mudança, uma das alunas lançou, de imediato, a questão do combinado:

– Mas não havíamos combinado de escolher somente hoje?
– Sim, mas por uma questão pedagógica eu revi esse combinado em específico porque, ao estudar as características do grupo, percebi a importância de trabalharmos uma peça de teatro que tivesse um tema parecido com O Senhor dos Ladrões, mas que fosse proposta por mim como coordenadora do projeto. Também porque senti um movimento dentro do grupo que tendia para a divisão e não para a colaboração. Apesar de trabalharmos com a autonomia, isso não significa que integrantes do grupo possam conduzir ou dirigir as cenas e as pessoas. Essa é uma tarefa do coordenador e do coletivo. Não de alguns poucos alunos.

Não houve comentários após minha explicação, mesmo com a aluna deixando claro em sua expressão que não estava satisfeita com a resposta. Essa menina, em específico, apresentava dificuldades em se integrar com os novos alunos; ela sempre ficava no grupo pequeno e tinha a tendência de dirigir e mandar nas cenas dentro dos grupos. Portanto, era algo que precisava ser observado com muito cuidado por mim.

Em seguida, perguntei ao grupo quem gostaria de começar a contar às alunas que haviam faltado no encontro anterior a história de O Pássaro Azul e, assim, fomos relembrando a fábula. Falamos também de algumas ideias como a de termos vários núcleos formados pelo quinteto principal da peça: Mitil, Titil, Cão, a Gata e a Luz. Nesse momento, a aluna citada anteriormente me interrompeu para dizer que não gostava da proposta e que queria ouvir dos colegas o que eles achavam. Surgia um novo perigo: ela queria conduzir a conversa na roda e impor sua opinião. Eu tive que intervir e disse que ainda não havíamos votado essa questão, portanto, as pessoas ainda tinham tempo para refletir sobre o assunto. Entretanto, alguns quiseram falar e, como se tratava dos que raramente se manifestavam (espontaneamente, sem eu lançar uma questão), deixei que se expressassem. Infelizmente eles estavam em dúvida quanto à ideia de termos vários núcleos. Procurei sanar todos os problemas, mas tive que esperar para relançar a questão.

Fizemos, logo depois, uma brincadeira: "Salada de Frutas". Nesse jogo todos estão em roda e recebem o nome de uma fruta que eles mesmos podem escolher. O professor pede para que um integrante venha para o centro da roda e delimita o espaço dos outros colocando um pé de sapato entre seus pés, ficando, assim, determinada sua casa.

O aluno que está no centro da roda está sem casa e portanto deseja conquistar uma na roda. Este aluno diz o nome de duas frutas ou mais para que troquem de casa e, nessa troca, ele tentará ocupar uma das casas. Assim sempre sobrará alguém no centro da roda. Quando o comando for salada de fruta, todos os integrantes da roda devem trocar de lugar ao mesmo tempo.

Depois, ainda propus um jogo teatral, no qual cada dupla decidiria sobre algo que fosse comer e o colega só poderia aceitar se descobrisse do que se tratava. Como esse jogo trabalhava a imaginação e a parceria, poderia retomar essa questão para falar da comunicação entre as pessoas. De repente, eles criavam uma cena em que estavam em algum lugar, comendo alguma coisa, mas algo acontecia e mudava a trajetória, conduzindo a cena para o final. Em consequência, também percebi que tinha que voltar a esse assunto quando fôssemos trabalhar as cenas, para destacar a importância das circunstâncias e dos acontecimentos que conduzem a uma ação.

Logo após, saímos para o intervalo. Porém, infelizmente, percebi um racha entre as pessoas do grupo. Os mais novos ficavam juntos, enquanto os demais, que já eram do teatro, se fechavam num canto. Para integrá-los, tinha que pensar em propostas de jogos e em ações. Ao retornar, dividi a turma em dois grupos que deveriam improvisar o primeiro quadro da peça. Mas antes, reli alguns trechos, para retomarmos os acontecimentos e as circunstâncias. Novamente, foi possível perceber que uma das novas alunas estava com dificuldade em se integrar ao grupo. Na verdade, observei que o restante do grupo não estava colaborando com a dificuldade dela, já que deixavam pouco espaço para a menina. Então, fui até o grupo e levantei a questão da colaboração e do espaço para que todos participassem; ao sair, percebi que melhorou um pouco, porém, ainda assim, o clima não era totalmente harmonioso. Depois que os dois grupos apresentaram suas cenas, conversando sobre o que eles haviam criado, encerramos formando uma roda.

Encontro VI
24.09.2008

Esse dia foi bem diferente. Durante a semana, pais de três alunas ligaram para informar que suas filhas não queriam voltar às aulas de teatro em virtude de a escolha do texto não ter sido feita por elas. Havia se criado uma resistência quanto ao fato de lançarmos como desafio uma peça de teatro trazida por mim, ao contrário dos outros semestres em que os alunos criavam a própria história. Evidentemente tal atitude escondia muita coisa, como a dificuldade em se aceitar uma nova proposta, em se abrir mão do poder de escolha (talvez porque em outros lugares não havia espaço para isso) e até um autoritarismo camuflado num discurso de que estavam perdendo autonomia, entre outras coisas que fui descobrindo durante todo o processo. Mas, em conversa com a direção, ficou acertado que manteríamos nosso procedimento, graças à crença de que estávamos fazendo o melhor para o grupo. Para completar, um aluno estava com catapora e outras três haviam faltado por terem compromissos na escola. Tive que reorganizar a aula, já que nesse encontro iríamos dividir as personagens e escolher os quadros que deveríamos trabalhar. Mas com o reduzido número de alunos, o melhor a fazer era repensar em segundos toda a dinâmica daquele dia. Assim, antes de partirmos para as brincadeiras, também conversamos na roda sobre as alunas que optaram por não vir mais (uma voltou depois). Expliquei que respeitaríamos o desejo delas, que lamentávamos que o desfecho houvesse sido esse e que, a partir daquele momento, em respeito a essas alunas que não estavam ali, não tocaríamos mais nesse assunto, mas que, se mudassem de ideia, seriam bem-vindas. Porém, continuava me questionando sobre o que fazer diante de um número tão pequeno de alunos, num clima tão esquisito e sem poder dar continuidade aos estudos da peça. Resolvi perguntar a eles o que poderíamos fazer naquele dia e a resposta foi: vamos brincar de "Pula Carniça"?

Achei ótimo! Como esse pega-pega era bem divertido, seríamos capazes de mudar o ambiente que estava um pouco pesado e eu poderia pensar em uma nova estratégia para a aula. Em seguida, propus um jogo teatral em que uma pessoa iria até a cena, iniciaria uma atividade qualquer e os demais participantes entrariam no jogo para construir a trama, ou melhor, para completá-la. Portanto, todos que entrassem, além de aceitar o jogo, também deveriam acrescentar algo. Nesse momento, também entrei na brincadeira e isso ajudou na minha relação com eles. Por instantes, nos tornamos cúmplices e parceiros. Senti que eles se divertiram ao improvisar comigo e eu com eles, tanto que demos boas risadas. Intuitivamente arrisquei essa atitude e naquele momento ela funcionou. Mas, na sequência, lancei a pergunta:

– Qual era o objetivo desse jogo?
– Completar a cena.
– Perceber que todos têm importância no teatro.
– Aceitar o jogo que o outro me propõe.

– Qual a importância desse jogo para nós?
– Saber improvisar.
– Importância do ator e das personagens numa cena.
– Se uma pessoa erra você tem que estar preparado.
– A gente precisa saber a hora de cada um.
– Esses pontos são importantes para o que vamos realizar a partir de agora, ou seja, construir um espetáculo e isso é algo que só podemos fazer coletivamente.

Em seguida, levantei uma nova pergunta:

– O que gostariam de fazer agora?
– Brincar de detetive.
– Então, vamos acrescentar alguns dados importantes nessa brincadeira. Vamos construir as circunstâncias. Vocês sabem o que são circunstâncias?
– Eu sei o que é, mas não sei explicar.
– Eu também.
– Circunstância, na verdade, é tudo que está ao redor, que compõe a cena, como onde se passa a história, quem são as personagens, quando a história se passa e ainda o que está acontecendo naquele momento.
– Mas isso a gente já faz.
– Sim, e agora vamos fazer com mais riqueza de detalhes. Vocês topam?
– Claro, vai ser legal.

Desse modo, iniciamos o jogo e foi muito divertido, tanto que quiseram refazer as circunstâncias. Ao terminarmos, abrimos a roda, na qual lancei mais uma questão:

– Nesse jogo falamos de algo que está acontecendo, mas eu gostaria de saber o que vocês entendem por acontecimento?
– Ah, professora, é algo que acontece.

– Isso mesmo, mas de que modo podemos trazer isso em nosso trabalho com a peça O *Pássaro Azul*?
– Como a base da cena.
– E também como algo inesperado, que causa alguma mudança nas personagens. Vamos voltar a falar disso quando iniciarmos as improvisações.

Assim, fomos estendendo nossa conversa sobre a peça até que surgiu uma ideia muito legal. Uma das alunas disse que quando eu falei em circunstância ela pensou em trabalharmos os quadros da peça associando o "quando" às estações do ano. Como cada quadro teria um foco específico na primavera, no verão, no outono e no inverno, poderíamos trabalhar com músicas e cenário que trouxessem a sensação da estação para a plateia. Desse modo, eles logo foram criando:

– O quadro da noite pode ser o outono; o da felicidade, o verão; o futuro, a primavera; e o cemitério, o inverno.

Houve uma grande animação, graças à ideia. Eu fiquei feliz em perceber que eles se apropriavam da proposta do texto e já estavam pensando em soluções para a encenação. Outro ponto que retomamos foi o de que eles seriam responsáveis por algum item da montagem, como cenário, música etc. Uma das alunas se candidatou a ser responsável pelas canções, mas os demais deveriam colaborar com propostas e pesquisa. Por fim, contrariando o começo do dia, finalizamos o encontro satisfeitos com as propostas e com os jogos realizados.

Encontro VII

01.10.2008

O dia seria de muitas tarefas. Tínhamos que pensar na foto, na sinopse, na divisão de personagens, na criação de cenas. Ufa! Iniciamos na roda, na qual aproveitei para lançar algumas questões importantes para nosso projeto:

– O que é objetivo?
– O que a gente pretende alcançar.
– Perfeito. E o que seria um superobjetivo?
– O que a gente espera que aconteça.
– Que a gente está mais confiante.
– As coisas que a gente mais gosta.
– Chegar ao extremo do que a gente quer.
– Ótimo! Vamos pegar a última resposta e pensar: o que a gente quer dizer à nossa plateia. Pergunto isso para que saibamos a qual extremo queremos chegar.
– Que a felicidade está em casa.
– Para a gente prestar mais atenção e aproveitar o que a gente tem.
– Que a felicidade está sempre com a gente.
– Muito bem, vocês acabaram de dizer qual a mensagem que queremos passar à nossa plateia. Portanto, teremos que ter em mente que esse será também nosso superobjetivo, algo que nos moverá durante nossos ensaios. E já que estamos falando do nosso projeto com essa peça, gostaria de perguntar outra coisa: quais os novos conhecimentos que iremos adquirir ao trabalhar esse texto?
– Sobre o mundo, sobre a realidade, a vida.
– A vida das pessoas.
– Aproveitar as oportunidades que a gente tem agora.
– Pesquisas como cenário, figurino, luz.

– Ótimo, vamos guardar na memória essas respostas, porque depois voltaremos a elas. Mas agora vamos criar a sinopse. Só que, antes disso, precisamos saber o que é sinopse.
– É a história da peça.
– É isso.
– E como poderemos contar isso num texto curto?

Diante da pergunta, várias ideias foram surgindo e eu fui anotando todas, para depois juntarmos tudo numa única sinopse, que ficou assim:

> Irmãos saem à procura do pássaro azul e passam por muitas aventuras. No fim, eles terão uma grande surpresa. Qual será? Que mistérios esconde o pássaro azul?

A próxima tarefa foi a divisão das personagens. Comecei perguntando o que cada um queria ser. Mas antes combinamos (com aprovação de todos) que as personagens que duas ou mais pessoas quisessem fazer iriam para sorteio. Apenas o cão teve duas crianças. Então, convidamos uma pessoa de fora, uma funcionária, para selecionar o papel. Feito isso, partimos para a próxima tarefa do dia: pensar na foto. Por fim, intervalo!

Na volta, relembramos a ideia de trabalhar com as quatro estações do ano. Em seguida, propus um jogo, no qual cada um deveria entrar no "palco" e montar uma parte do cenário. Dessa forma, todos teriam que acrescentar elementos ao espaço. Mas ninguém poderia mudar o que o colega já havia feito. Assim, montamos o cenário inicial. Também retomamos outra ideia: a das camas que virariam portas, caixões e todos os demais elementos que iríamos precisar em cena. Depois, antes de terminarmos nosso encontro, ainda criamos a primeira cena da peça.

Encontro VIII
08.10.2008

Era dia de tirarmos as fotos e construirmos as cenas. Então, abrimos a roda, conversamos e lemos o diário de bordo que, aliás, estava com uma capa linda, que havia sido feita por uma aluna. Na sequência, retomei a questão do nosso superobjetivo, que era a busca pela felicidade, e lancei uma pergunta:

– O que é felicidade para vocês? Para mim, nesse momento, seria ver o sorriso do meu filho.
– Para mim são os meus dois bebês: minha prima e minha irmãzinha. Elas me trazem felicidade. Eu lembro que quando era pequena queria muito ter uma irmã ou irmão e ficava muito triste, mas agora eu sou muito feliz com elas.
– Para mim é viajar com minha família uma vez por ano para a Califórnia.
– Viver a vida, conversar, brincar, se divertir e ver TV.
– Estar do lado das pessoas que eu gosto.
– Viver a vida, viajar e ir ao parque.
– Minha vida e minha família.
– Viver a vida e estar ao lado das pessoas que eu gosto.
– Minha família.
– Estar ao lado das pessoas que eu gosto, das minhas melhores amigas e da minha família.
– Agora que todos responderam, o que podemos perceber de semelhante em nossas respostas?

Houve certo silêncio e eu disse:

– Todos nós temos sentimentos parecidos em relação ao que é felicidade, ou seja, estar ao lado das pessoas que amamos e nos divertirmos ao lado delas. Essa é a busca das personagens

da peça, a felicidade de estar ao lado dos que amam. No entanto, isso também é o objetivo final: valorizarmos as coisas boas que estão dentro de nossa casa e que são os nossos familiares. Agora, como podemos transmitir essa busca em nossa encenação?
– Na cena das portas que se transformam. Podemos trabalhar com uma luminosidade quando entra a personagem Luz e a personagem noite corre para se esconder.

A resposta foi boa, mas a pergunta ainda era um pouco confusa para eles. Contudo, aos poucos eles iriam entender o que significava encenação e como alcançaríamos nosso superobjetivo. Depois, ainda aproveitando o tema encenação, alguns se candidataram a encabeçar um dos itens do nosso projeto, como luz, cenário, figurino etc. Ficou combinado que todos colaborariam na pesquisa, mesmo não fazendo parte da equipe responsável. Logo após o intervalo, iniciamos a criação das cenas. Uma já havia sido feita e só teríamos que acrescentar um dos alunos que havia faltado. Porém, antes que entrassem em cena, perguntei a cada um deles:

– Qual o objetivo da sua personagem nessa cena?

Mitil, Titil e Liliti responderam que seria mostrar que eram humildes e honestos. Luz falou que era ser gentil e ajudar as crianças. O cachorro, que deveria mostrar fidelidade aos donos. E a fada, que seria o de abrir o caminho para as crianças que iriam procurar o pássaro azul e explicar o que estava acontecendo. Assim, partimos para a cena, mas ainda acrescentei uma questão no quadro, para a entrada deles:

– Onde vocês estão entrando?
– No palácio da Noite.
– Como vocês se sentem?
– Surpresos e com medo.

- Como vocês se sentiriam ao entrar num local assim, desconhecido?
- Com vergonha.
- Com medo.
- Eu ficaria tímida.
- Poderia ser encantador.
- Pois, agora, vocês vão entrar novamente, trazendo essas emoções que me falaram.

Em consequência, a entrada em cena melhorou muito, porque passaram a acreditar que o palácio da Noite existia. Infelizmente nosso tempo acabou, mas o ensaio tinha sido muito produtivo e nos veríamos na próxima semana.

Encontro IX
15.10.2008

Nesse dia, a aluna que tinha levado o diário de bordo faltou na aula. Então, tivemos que relembrar o encontro anterior em roda e, novamente, surgiu a questão: o que é um objetivo?

- O que você vai fazer na cena.
- Se focar no seu objetivo, ou seja, no que você quer.

Após uma breve conversa, perguntei do que gostariam de brincar e duas alunas nos ensinaram uma brincadeira que funcionava da seguinte forma: todos deveriam ficar de costas. Uma pessoa, que poderia ser o professor ou um colega pré-determinado, falaria algo como: "Você está no elevador e alguém solta um pum!"; "Você está com muita vontade de ir ao banheiro só que ele está ocupado"; então, os que estavam de costas deveriam se virar e representar com o corpo tal situação. Desse jogo saíram expressões ótimas e todos nós nos divertimos muito. Depois, eles ainda quiseram brincar de "Detetive" e nós fizemos uma rodada desse jogo também. Em seguida, partimos para o ensaio, no qual retomamos algumas cenas que já estavam feitas e acrescentamos a personagem Gata, que estava faltando. No entanto, antes perguntei à menina que interpretaria a Gata qual era o objetivo de sua personagem na cena da Noite, e ela respondeu:

– Avisar a Noite que os filhos do lenhador estavam chegando.

E assim eles criaram toda a cena da Noite. Aqui gostaria de fazer uma pausa para falar de outro ponto que tinha sido trabalhado com a turma: a teatralidade no texto escolhido. Na verdade, não usei essa expressão com eles, mas sempre perguntava como poderíamos trazer mais vivacidade e criatividade às cenas ou como poderíamos surpreender a plateia. Algumas boas ideias já haviam surgido. A questão das quatro estações do ano associadas às cenas, por exemplo, faria o público saber que teria se passado um ano desde o começo da jornada das crianças. Outro elemento importante eram as cinco portas, ou batentes de portas, que seriam usadas o tempo todo e se transformariam em várias coisas durante a peça. Na cena da Noite, por exemplo, elas seriam abertas para que as crianças entrassem e procurassem o pássaro azul. Entre outras propostas para a cena, surgiu a seguinte: quando as crianças conseguissem pegar vários pássaros que acreditavam que fossem os azuis, elas esqueceriam a porta entreaberta e o verdadeiro pássaro fugiria. Entretanto, elas perceberiam o erro, porque alguns deles acabariam morrendo ou simplesmente mudariam de cor, fato que faria com que elas partissem novamente em busca do verdadeiro. A turma também acabou propondo uma alteração na cena do cemitério. No original, além de curta, nela só entravam as crianças. Mas uma das alunas quis ser a Morte, personagem que viveria no cemitério e seria irmã da Noite, da Fada e da Luz. Em consequência, a Fada entraria e diria que as crianças deveriam procurar o pássaro no cemitério, mas tomando cuidado com os mortos. Um dos alunos ainda seria uma criança morta que despertaria para conversar com as outras que estavam chegando. Logo, as portas estariam deitadas para representar os túmulos. Mas nós teríamos que acrescentar alguns vasos de flor ou lápides na cena. Dessa forma, terminamos mais um encontro, que foi muito produtivo.

Encontro X
22.10.2008

Iniciamos com a leitura do diário de bordo e, depois, conversamos sobre os figurinos. Como a maioria da turma demonstrava ter algum conhecimento de teatro, sabiam o que era figurino. Mesmo assim, achei melhor perguntar, e as respostas foram:

> – A roupa que a personagem veste.
> – Serve para a plateia saber quem você é.
> – É como uma fantasia que a gente usa para que as pessoas saibam que somos personagens.

Em seguida, todos receberam papel e canetinhas para desenhar suas roupas. Feito isso, retomamos a roda para definirmos quais cenas iríamos trabalhar. A divisão ficou da seguinte forma: um Prólogo, momento no qual as crianças receberiam a visita da Fada; O País da Saudade; Noite; Cemitério; Futuro, que teria a Cena das Irmãs (que ainda estava sendo criada pelas meninas); e a da Volta Para Casa. Ainda na roda, definimos alguns itens do cenário e elementos de cena. Já tínhamos as portas que seriam usadas e transformadas; mas também teríamos que acrescentar uma janela, uma cadeira, uma mesa, um tapete, cinco lápides, nuvens; tecidos como tule e TNT; além de dois potes de comida para os animais.

Após a roda de conversa, iniciamos a criação da Cena do País da Saudade. Perguntei a eles o que era importante nessa cena:

– Revelar que os irmãos estavam mortos, mas viviam na lembrança das crianças.
– Que só viveriam quando fossem lembrados.
– Que ali estavam as melhores lembranças da infância deles.

Assim, eles criaram a seguinte cena: as portas ficariam enfileiradas, formando um corredor; as duas crianças que representariam os irmãos, que já haviam morrido, estariam deitadas entre elas; mas quando as demais crianças surgissem em cena, elas despertariam e começariam a brincar, até serem interrompidas por Mitil e Titil, que chegariam felizes por revê-las. Como a cena ficou um pouco confusa, eu os interrompi para ajudá-los. Então, pedi que escolhessem cinco lugares ou situações que fossem boas de serem lembradas, e eles definiram:

– Casa da árvore.
– Bosque.
– Lago.
– Casa velha.
– Balanço.

Na sequência, eles deram continuidade à criação da cena, relacionando-a com esses cinco lugares, até que no último, que seria o da casa velha, tocaria o cuco indicando que eles teriam que ir embora, finalizando a peça. Terminamos o ensaio do encontro repassando essa cena.

Encontro XI
29.10.2008

Era dia de tirar as medidas com a costureira. Ela chegou no horário e, como de costume, arrumamos uma mesa para ela. Depois, lhe entreguei os desenhos e abrimos a roda. Enquanto ela chamava os alunos, a turma pediu para fazer uma brincadeira. Lívia, a professora que me acompanhava em alguns encontros, propôs "Telefone Sem Fio", mas sem fala, apenas corporal. No fim da brincadeira, propus um ensaio de todas as cenas que já tínhamos, para que eu pudesse anotar quais elementos eles iriam precisar em cada quadro. Logo no início, tive que interromper para conversarmos sobre a verdade cênica. As crianças estavam entrando em cena sem visualizar onde estavam, e isso era um problema para o grupo que tinha optado por um cenário simbólico só com as portas. Conversamos sobre como eles se sentiriam na véspera de Natal, sem ganhar nenhum presente e ainda vendo, pela janela, outras crianças ricas recebendo vários pacotes. Pedi que não me respondessem com palavras, mas que entrassem em cena novamente, trazendo a sensação que sentiam. A cena melhorou bastante. Na sequência, ainda pedi que refizessem a cena em que comiam doces, acreditando que realmente estavam comendo. Completei:

– Tudo que vocês acreditarem em cena, nós, como plateia, também acreditaremos!

A cena melhorou, mas ainda poderíamos trabalhar mais essa questão em todas as outras. Em seguida, passamos todas as cenas que tínhamos até aqui e, então, partimos para a criação de uma nova, que estava sendo chamada de Cena das Irmãs. As alunas que a fariam se juntaram numa roda, e eu pedi que pensassem no objetivo da cena e nas informações importantes que deveriam estar presentes nas falas. Após um período de conversa, elas apresentaram a cena com uma proposta de encenação na qual a Fada, a Luz, a Noite, a Gata e a Morte seriam irmãs e guardiãs do segredo representado pelo pássaro azul. Elas também revelariam que, na verdade, a Fada não tinha uma filha, e isso seria um pretexto para que as crianças seguissem viagem. Outro ponto importante foi que algumas seriam "do mal" enquanto outras seriam "do bem" (conforme expressão das próprias alunas). A cena terminaria quando ouvíssemos o som do navio que traria o Futuro. Nesse momento, elas sairiam do palco. Foi interessante a forma como elas usaram as portas. As meninas fizeram um círculo com elas, para simbolizar uma irmandade. Mas, após a apresentação da cena, ainda propus algumas alterações, visando à distribuição igualitária das falas e a movimentação na roda.

Assim terminamos mais um encontro. No entanto, gostaria de salientar o quanto as meninas se apropriaram da questão cenográfica e simbólica das portas. Nesse momento do aprendizado isso era muito importante, tendo em vista algumas estarem há algum tempo no curso de teatro. Acreditava que elas tinham compreendido a questão da teatralidade e da expressividade durante a criação das cenas; fato que também considerei possível, em virtude de todo o trabalho realizado pelos professores ao longo da trajetória dos alunos.

Encontro XII
05.11.2008

Iniciamos o dia lendo o diário de bordo. Aproveitei que estávamos sentados e concentrados para montar a lista de acessórios e de elementos de cena que iríamos precisar para a apresentação. Segundo o desejo das crianças, fizemos algumas alterações: em vez de cinco portas seriam apenas quatro, teríamos uma janela com rodinhas para entrar e sair de cena, um tapete para a casa, tules nas cores branca, preta e azul, algumas nuvens cenográficas, potes de comida para os animais, uma gaiola e dois pássaros. Antes de passarmos para o ensaio das cenas, propus uma conversa rápida sobre a importância de ver e acreditar no que iríamos fazer, quando estivéssemos no palco. Outro ponto levantado foi sobre a responsabilidade que eles teriam em dar vida ao espetáculo, principalmente porque haviam optado por um cenário simbólico que se transformaria durante a mudança de quadros. Depois, durante o ensaio, fui marcando os efeitos sonoros que teríamos, como na Cena da Noite, em que apareceria o som dos fantasmas, da guerra (entre índios e *cowboys*), das trevas, dos terrores e dos pássaros. Essa sequência havia sido criada pela mesma aluna que faria a personagem Noite!

Depois disso, passamos para a Cena do Futuro, na qual teríamos como enamorados Paulo e Carol. Confesso que eu e o restante da turma tivemos alguma dificuldade em convencê-los a fazê-la. Não pela cena em si, que eles tinham adorado, mas pelo fato de terem que se passar por apaixonados. Os dois ficaram com vergonha, mesmo assim, eles toparam fazer um teste, para ver como se sentiriam em cena. Por fim, acabaram gostando da proposta e foram os enamorados. Ufa! Não queríamos perder essa cena que era linda, mas acabou dando tudo certo!

Na sequência, ensaiamos a Cena das Irmãs e ainda enumeramos os tópicos que as meninas consideravam importantes para o entendimento da proposta, que ficou assim: primeiro, elas teriam que deixar claro que eram irmãs, e que seguiam caminhos diferentes. Algumas eram "do bem" outras "do mal", mas todas conheciam e eram guardiãs do pássaro azul. Antes do fim do encontro, ainda optamos por repassar todas as cenas desde o começo.

Encontro XIII

12.11.2008

Lemos o diário de bordo, que nessa turma tinha virado uma espécie de batata quente, que ninguém queria levar para casa. Mesmo enumerando a importância do registro da nossa história, eles relutavam. Logo após a leitura, conversamos sobre coisas pendentes no projeto. No entanto, como uma das alunas tinha trazido propostas de música e efeitos sonoros, demos início ao ensaio geral.

Na primeira cena, que estava sendo chamada de Prólogo, uma música de natal seria usada, enquanto a plateia entrava e as crianças e os bichos já estariam adormecidos no palco. No transcorrer da cena, a Fada chegaria e se daria a transformação dos bichos em pessoas. Durante a Cena da Noite, ensaiamos com as músicas e tudo ficou com um colorido diferente, inclusive a criançada, que se envolveu mais com o medo que deveriam sentir durante a abertura das portas. Na Cena do País da Saudade, as crianças optaram por entrar pela plateia e, enquanto os meninos brincavam, eles iam sendo reconhecidos. Então, retomamos os lugares que eles teriam que descrever em cena: casa da árvore, bosque, parque e lago.

Depois, foi a vez da Cena do Cemitério, na qual ensaiamos a troca de cenário, que nessa peça teria que ser feita com todo o cuidado para as portas não caírem. A música escolhida foi "Thriller", de Michael Jackson. As crianças entrariam enquanto a Noite fazia sua cena. Fiz uma pausa e perguntei:

– Como vocês se sentiriam ao entrarem em um cemitério?

A maioria não sabia responder; alguns nunca tinham entrado em um. Então, falei do silêncio do lugar, da escuridão da noite e do medo que todos dizem sentir. Mas como, ao entrar no cemitério, as crianças ainda encontrariam um dos mortos, perguntei a elas:

- Se vocês pudessem fazer uma pergunta a esse morto, qual seria?
- Como é que é a morte?
- O que você come?
- Tem muito bicho aí?
- Tem saudade de ser vivo?
- Você pode atravessar paredes?

Dessa forma, o aluno que faria o morto foi respondendo de improviso e a cena ficou muito divertida. Em paralelo, enquanto eles iam criando e fazendo a cena, eu fazia um esboço do que seria o nosso mapa de luz. Em seguida, encerramos mais um encontro produtivo.

Encontro XIV
19.11.2008

Como sempre, lemos o diário de bordo e, imediatamente depois, os alunos insistiram para que partíssemos direto para o ensaio. Iniciamos com a Cena das Irmãs, que ainda estava um pouco confusa. Então, perguntei:

- Qual o objetivo dessa cena?
- Mostrar que elas eram irmãs, apesar das diferenças.
- E o que mais temos de importante para dizer nessa cena?
- Que elas discordavam sobre deixar as crianças encontrarem o pássaro azul.
- Então vamos refazer esta cena pensando nesses dois pontos que vocês acabaram de me dizer.

Melhorou bastante, as informações ficaram claras e as meninas deixaram de se mostrar perdidas em cena. Em seguida, trabalhamos a Cena do Futuro, para a qual repeti a mesma pergunta:

– Qual é o objetivo dessa cena?
– Mostrar o irmão que vai nascer.
– Fazer a plateia conhecer a triste história dos enamorados.
– Buscar o pássaro azul.
– Finalizar a busca.
– Como vocês imaginam essa cena?
– Eles olhando ao redor.
– Depois eles conhecem os enamorados e o irmão.
– Então vamos trazer essas respostas para a cena.

Assim, a Cena do Futuro foi ganhando vida. Já tínhamos os tules e as portas abaixadas para simbolizar o barco. Mas surgiu um entrave. Os alunos que fariam os enamorados tiveram um ataque de timidez e não queriam sequer olhar um para o outro, quanto mais pegar nas mãos e fazer cara de apaixonados! Foi então que entrou uma das alunas e soltou uma frase muito legal:

– Pensem que vocês são as personagens, não importa o que vocês são lá fora.

Esperei para sentir como a frase tocaria os dois e, por ser dita por uma colega, ela surtiu efeito. Ambos fizeram a cena. Antes do término do encontro, ainda ensaiamos outra cena: a da Volta para Casa.

Encontro xv

26.11.2008

Fizemos a leitura do diário de bordo e a prova de figurino, que foi muito divertida. Felizmente, todos ficaram satisfeitos com suas roupas e apenas uma teve que ser adaptada, porque ficou muito curta. Em roda, conversamos sobre as necessidades do momento e optamos por retomar algumas cenas que estavam estranhas ou precisando de ajustes. A troca de cenário, que no caso era muito específica, também foi colocada como uma questão que deveria ser trabalhada no encontro. Depois, iniciamos a Cena do Futuro, pois alguns trechos do texto estavam sem nexo. Achei que a aluna que a conduzia estava ficando nervosa com a proximidade da estreia. Ela já tinha me dito que estava tendo pesadelos com peça e quando perguntei do que especificamente tinha medo, a resposta foi:

– Do palco, aquela escuridão parece que vai me engolir.

Então, conversamos muito sobre a escuridão antes da entrada em cena, da plateia e do medo que todos sentem às vésperas de uma estreia. Nesse momento, propus que sempre conversássemos sobre esse assunto. Também me dispus a estar com ela nos bastidores, mas, ao mesmo tempo, expliquei que o local onde os atores ficavam não era escuro, e que, além do mais, todos estariam juntos. No final, ela parecia bem mais tranquila. Enquanto isso, as outras alunas, que já estavam montando a trilha sonora, vieram nos mostrar a proposta que criaram para a maioria das cenas. Todos adoraram as músicas. Em seguida, passamos as cenas até o término da aula. Foi quase um ensaio geral, que culminou com o fim de um encontro muito produtivo.

Encontro XVI

03.12.2008

Foi um dia de muitas tarefas. Fizemos a leitura do diário de bordo, ensaiamos com as músicas e a proposta de luz, e ainda tivemos a presença de meus dois assistentes, que seriam os responsáveis tanto pela luz quanto pelo som de nosso espetáculo. Mas, durante o ensaio, um dos alunos nos avisou que iríamos precisar refazer a sequência das cenas, para que a troca de roupas dos meninos fosse possível. Elogiei a percepção do espetáculo como um todo desse aluno, que nos brindou com uma frase que ficou célebre entre o grupo:

— Professora, eu sou muito esperto!

E de fato era, tanto que rimos bastante com a resposta. Em seguida, alteramos a ordem das cenas e, com ela, a troca de cenário. Logo após, fizemos um ensaio geral, parando, às vezes, para explicar aos meus assistentes como seria no dia do espetáculo. Por fim, acabou mais um encontro brilhantemente prático.

Encontro XVII
10.12.2008

Dia de ensaio geral no teatro. As crianças estavam eufóricas, felizes por estarem lá. Infelizmente, a aluna responsável pela trilha sonora esqueceu o CD em casa e tivemos que ensaiar sem as músicas. Mas foi muito importante interpretar com as portas, com a janela e com todos os elementos de cena. Por causa disso, demoramos muito para passar a peça. Também eram muitas as questões que deveriam ser resolvidas. Entre elas, algumas trocas tiveram que ser mudadas e outras ainda precisaram da ajuda das crianças menores, o que demandou mais tempo ainda. Por fim, fizemos o ensaio geral, esperando que viesse o dia da apresentação!

2.

O Show
Tem Que Continuar!

Ariane Moulin Pedra

Encontro I
29.08.2008

No início do Curso Infantil (seis a treze anos) da Escola de Teatro Macunaíma, fiz uma roda com as crianças para conversar sobre as aulas e suas expectativas. Observei que, entre elas, havia muitas novas e outras que já haviam participado de cursos em semestres anteriores. Conversei informalmente e dei as boas-vindas. Expliquei o método da Escola e como seriam as aulas: iniciaríamos sempre com uma roda, depois faríamos jogos e brincadeiras para aquecer, concentrar e, em seguida, por volta das 10h00, teríamos 20 minutos para lanchar. Após o intervalo, começaríamos a pensar e elaborar a nossa peça.

Falei também sobre as mudanças que seriam feitas no semestre. Relembrei como o curso funcionava anteriormente, explicando que toda criação era feita por eles: a história, as personagens, os figurinos, os cenários. Porém, frisei que a partir deste semestre, eles continuariam a criar personagens, figurinos e cenário, mas a história seria escolhida por mim, de acordo com o tema que eles quisessem. Em seguida, estabelecemos alguns combinados tais como, ao chegarem, todos deveriam tirar os sapatos, colocá-los em um lugar pré-determinado na sala e teriam que desligar os celulares.

Depois, fizemos um jogo com bola e memorização de nomes, para que todos se apresentassem e se conhecessem. Na primeira fase do jogo, a pessoa que estivesse com a bola deveria jogá-la, falando seu nome e o nome de quem iria recebê-la. Todos participaram com grande interesse, porém, inicialmente, em um ritmo lento. No entanto, a partir do momento que entenderam a brincadeira e aprenderam os nomes, orientei para que o ritmo fosse mais rápido. As crianças se divertiram muito e, enquanto as que tinham iniciado naquele dia começavam a se soltar, as que já frequentavam o curso há mais tempo passaram a acolhê-las. Já a segunda fase do jogo foi marcada por uma nova regra. A criança que fosse jogar a bola tinha que falar o seu nome, o nome de quem iria recebê-la e ainda o nome de quem deveria recebê-la na sequência. Houve muita confusão! No início, foi difícil e muito lento, mas uns acabaram ajudando os outros. Quando percebi que já haviam entendido e assimilado a nova regra, mas que também já estavam desconcentrados, pedi que acelerassem mais o ritmo. Observei que, com essa dificuldade, o grupo se concentrou novamente, pois além de aumentar o desafio, foi exigida maior atenção para que o jogo desse certo.

Logo em seguida, realizamos o jogo do "Gato e Rato". Todas as crianças tinham que ficar sentadas no chão, espalhadas pela sala e com as pernas esticadas. Apenas duas crianças ficariam em pé: uma seria o gato e a outra o rato. O gato correria atrás do rato. Mas se o rato pulasse por cima da perna de alguma criança que estava no chão e se sentasse ao lado dela, a criança que estava no chão teria que se levantar e se tornava o gato. Dessa forma, quem fosse o gato viraria o rato e assim por diante. Todas as crianças participaram com muito entusiasmo, com exceção da Giovana e Marina. A primeira disse que não queria participar porque não gostava da brincadeira, mas a segunda não brincou porque estava com o ombro quebrado. As demais, que estavam sentadas, torciam pelos colegas e se manifestavam dizendo: "Corre, fulano! Pega, sicrano!"

Encerrado o jogo, as crianças calçaram os sapatos, fizeram uma fila e, em seguida, fomos para o lanche. Antes, combinamos que tudo que fosse lixo era para ser jogado no lixo. Na volta do recreio, orientei as crianças a tirarem os sapatos e, novamente, fizemos uma roda. Conversei com elas sobre as peças de teatro que já tinham feito na Escola Macunaíma ou no colégio. Das 24 crianças, somente três nunca haviam feito nenhuma peça; onze já estavam na Escola Macunaíma há um ou mais semestres e treze eram novas. Também conversamos sobre o tema que gostariam de trabalhar na peça. Expliquei que teríamos que aprender algo com o tema escolhido e, além de aprender, também teríamos que ensinar.

Surgiram várias opções. As crianças sugeriram como tema o filme *Se Eu Fosse Você*, assuntos relacionados a ETS, colagem de comédias de cinema, troca de corpos, folclore, Olimpíadas, centenário da imigração japonesa e a loira do banheiro. Questionei:

– Com quais desses temas vamos aprender alguma coisa que não sabemos e ainda poderemos ensinar algo?

Eles responderam Olimpíadas, folclore e centenário da imigração japonesa. Então, dividi a turma em três grupos, misturando as crianças novas com as antigas, e sorteei os temas para ver qual grupo ia improvisar cada um deles. Estipulei um tempo de dez minutos para discutirem e criarem uma improvisação. Orientei que a mesma tivesse início, meio e fim. Após discussão e criação, fizemos a apresentação. O primeiro grupo fez algumas cenas sobre a imigração japonesa. Eles explicaram que os japoneses, ao chegarem ao Brasil, passaram sua cultura da alimentação para o povo brasileiro. Contaram o que os japoneses comem e como comem. O segundo grupo improvisou sobre o folclore. Mostraram o Curupira e a Yara. O terceiro grupo abordou os esportes nas Olimpíadas e, então, descobrimos que algumas crianças tinham muitas habilidades. Mônica, por exemplo, fez ginástica olímpica durante um ano e conseguia realizar várias coisas no colchão. Após a apresentação, conversamos sobre as cenas. Algumas discussões foram levantadas. Entre elas, o fato de algumas crianças terem ficado de costas para a plateia e outras terem falado baixo demais. Então, pedi que pensassem em outros temas durante a semana e os trouxessem na próxima aula. Assim, finalizamos o nosso encontro.

Encontro II
30.08.2008

Iniciamos a aula com uma roda, na qual recebemos as crianças que começariam o curso naquele dia. Elas se apresentaram e nós fizemos o mesmo. Conversamos sobre a semana e realizamos o jogo "Quem Iniciou o Movimento?" Para começá-lo, fizemos um círculo e escolhemos uma pessoa que deveria ficar do lado de fora da sala. Dentro, escolhemos outra criança que seria o mestre. Ela iniciaria o movimento e as demais teriam que reproduzi-lo. Em seguida, a criança que tinha ficado fora da sala, entrava e se posicionava no meio da roda para adivinhar quem iniciou o movimento. Além dos movimentos variados que fizeram, todas se divertiram bastante. Porém, quando começaram a se dispersar, encerrei o jogo, mas, de acordo com o pedido delas, fomos jogar "Queimada Coletiva". O jogo foi propício para a integração. Afinal, havia 31 crianças e muitas não se conheciam, mas, mesmo assim, todas participaram ativamente do jogo.

Já na hora do intervalo, percebi que as crianças se dividiram. As mais velhas se juntavam em um grupo e, as mais novinhas, em outro, para comer e desenhar. Após o lanche, voltamos para a sala e fizemos a roda. Conversamos novamente sobre o tema da peça. Pedi para as crianças que estavam na aula passada contarem para as que estavam começando como tinha sido a aula anterior e quais temas foram improvisados. Perguntei se havia novos temas. Surgiram Charles Chaplin, Papai Noel, Pequeno Príncipe e um sobre três crianças que não gostavam de ler, mas acabaram ficando presas em uma biblioteca. Perguntei sobre o que iriam aprender com os temas. Depois, foquei o tema Charles Chaplin, que uma das crianças tinha trazido. Após conversarmos sobre a época do ator, surgiu a ideia de se fazer algo sobre a história do cinema. Contei um pouquinho sobre ela, sobre os tipos de filmes, desde o início até a atualidade, e as crianças mostraram entusiasmo pelo tema. Realizei nova votação, incluindo os temas da semana passada e os apresentados no dia (cinema, Olimpíadas, folclore e crianças que não gostam de ler). Entre as crianças, dezessete votaram no tema cinema, duas votaram em Olimpíadas e dez responderam que tanto fazia um tema ou o outro. Sendo assim, dividi a turma em quatro grupos, procurando misturar as crianças mais novas com as mais velhas assim como as que tinham mais experiência com as que possuíam menos experiência. Sorteei os gêneros de filmes: cinema mudo, comédia romântica, ficção científica e musical.

O grupo número um ficou com o tema cinema mudo. Expliquei um pouquinho sobre o assunto e todas as crianças participaram da criação, exceto uma menina, Gina, que, com apenas seis anos, teve dificuldade para entendê-lo. Mas Lena, a mais velha e experiente do grupo, ajudou a colega com muita paciência. A apresentação ficou muito organizada: uma cena com início, meio e fim, com conflito e solução. No entanto, houve somente uma cena com ação, porém muito rica, já que todas as crianças criaram uma personagem ativa.

O grupo número dois recebeu o tema musical. Uma cena curta, porém com início, meio e fim. A história era a de uma garota que gostava de cantar. Mas como seus pais não aprovavam sua vontade, ela saiu de casa e encontrou uma banda que estava precisando de uma vocalista. Fez grande sucesso e seus pais resolveram aceitá-la como cantora. Pediram até que ela voltasse para casa. Tatiana, uma menina que tinha entrado na escola exatamente nesse encontro, mostrou sua habilidade ao cantar lindamente, com uma voz forte e afinada. Todas as crianças deram os parabéns a ela. Entretanto, mais uma vez, algumas crianças ficaram de costas para a plateia.

O grupo três sorteou o tema ficção científica. Criaram uma cena em que o cientista transformava pessoas em Frankenstein e, no final, morria. Ficou muito confuso, porque as crianças falavam ao mesmo tempo. Porém, elas usaram bastante expressão corporal para mostrar a transformação em Frankenstein e, no final da cena, ainda andaram em câmera lenta, para mostrar uma luta.

Por fim, o grupo quatro ficou com o tema comédia romântica, no qual um menino pobre e uma menina rica se apaixonavam, mas as famílias se mostravam contra eles. No entanto, como a menina sofreu um assalto em que o menino a salvava, as famílias acabavam aceitando o namoro. A construção das personagens foi bem definida: fofoqueiras, mãe, pai, assaltante e casal apaixonado. Além de todos terem falado forte, a cena também ficou bem organizada, já que a história teve início, meio e fim.

Após as improvisações, fizemos uma roda para conversarmos sobre todas as cenas. As crianças deram suas opiniões. Elas também lembraram que não se devia ficar de costas para a plateia e que era muito importante falar alto. Explanei sobre cada cena, o que foi interessante em cada uma e o que deveríamos pensar para as próximas. Conversamos novamente sobre o tema e 25 crianças, do total de 31, votaram e mostraram entusiasmo em realizar a peça sobre a história do cinema.

Encontro III
06.09.2008

Como sempre, iniciamos a aula em roda, na qual conversarmos sobre a divisão da turma, que tinha 31 alunos matriculados. Para que conseguíssemos desenvolver o trabalho proposto pela Escola Macunaíma, seria necessário dividir as crianças em duas turmas. Dessa forma, segundo o critério de divisão adotado, as crianças antigas que estavam juntas há um semestre ou mais ficariam comigo, e as crianças que acabavam de chegar à escola ficariam com a professora Lívia Figueira. Na roda, percebi certa ansiedade na turma, o que demonstrava o medo de se separar. Apresentei a professora Lívia, que falou um pouquinho sobre suas expectativas. Anunciamos o porquê da divisão e qual o critério adotado. Falamos os nomes das criança que iriam desenvolver o trabalho comigo e, em seguida, os nomes das que iriam desenvolvê-lo com a professora Lívia. A divisão foi tranquila, pois as crianças a aceitaram com calma.

Assim, iniciei minha aula com dezesseis crianças, cuja maioria tinha entre doze e treze anos. Então, fizemos um jogo chamado "Hipnose", no qual o hipnotizador colocaria seu dedo indicador um palmo à frente do rosto do hipnotizado que, por sua vez, teria que segui-lo sem que a distância aumentasse muito. Contudo, o hipnotizador poderia alterar a velocidade dos movimentos (rápido, lento) e o nível (alto, médio, baixo) em que o hipnotizado deveria se movimentar – esse comando deveria ser dado pelo dedo indicador. Esse jogo tinha como objetivo trabalhar a atenção, a concentração, a flexibilidade corporal e a comunhão. Depois de alguns minutos, eles trocavam os papéis e, dessa forma, quem era o hipnotizador passava a ser o hipnotizado. Em seguida, fizemos a brincadeira "Merequetê", na qual, depois de formarmos uma roda, cantávamos a música "merequetengue, tengue, tengue", movimentando o corpo. Depois, além do comando merequetê, eu colocava a mão direita sobre a cabeça da pessoa que estava à minha direita e todos teriam que seguir o comando. Assim, o jogo foi se desenvolvendo, com vários movimentos, até se chegar aos pés. Porém, a atividade não foi muito aceita pelas crianças. Algumas não seguiam os comandos e outras davam muitas risadas. Elas não entraram no espírito do jogo. Então, resolvi mudar para "Pick Pega Americano". Nesse jogo, enquanto uma criança agia como pegador as outras deveriam correr dela. Quem fosse pego ficaria congelado de pernas abertas, até que uma das crianças que estavam correndo passasse por debaixo da perna da criança congelada, salvando-a. Mas quem fosse pego três vezes passaria a ser o pegador. As crianças mostraram grande interesse pelo jogo e se divertiram muito. Logo após, fomos para o lanche.

Ao voltarmos do intervalo, fizemos uma nova roda, na qual resgatei o tema cinema, já votado na aula anterior. Questionei sobre o interesse deles em continuar ou não com esse tema, depois da divisão da turma. Eles afirmaram que queriam continuar, já que haviam pesquisado algumas coisas. Então, perguntei:

– Qual é o nosso superobjetivo para desenvolver este tema? O que vocês querem passar com ele? Quais as mensagens que serão transmitidas?

Alguns responderam que queriam mostrar que o cinema é divertido, que nele nos divertimos com a família e com os amigos, e que ninguém vai ao cinema sozinho. Outros disseram que queriam mostrar que o cinema nos ensina alguma coisa. Guilherme exemplificou, citando o filme *Tropa de Elite*:

– Depois de ver esse filme, ninguém quer mais usar drogas e nem ser polícia, sabendo que a polícia é daquele jeito.

Então, complementei, dizendo que o cinema tinha a função de fazer com que as pessoas refletissem, buscassem conhecimentos e pesquisassem sobre o tema.

Expliquei também que, além de fazer rir, chorar, emocionar e divertir, o cinema é um meio de interação com a família e com os amigos. Depois, questionei sobre o que sentiam ao irem ao cinema e o que os fazia gostar ou não de um filme. Eles responderam que era a sensação de alegria, tristeza, emoção etc. Frisaram também que, se um filme que não fosse capaz de fazer as pessoas se emocionarem, ele seria ruim. Prosseguindo, voltei ao exemplo anterior dado por Guilherme, que falou sobre *Tropa de Elite*. Perguntei se haveria algum sentido no filme se ele fosse escrito e filmado há cinquenta anos. Eles disseram que não, porque naquela época todo mundo queria ser polícia, ser do exército, e hoje não mais. E também porque naquela época não havia tantos problemas com drogas como agora.

Em seguida, falei sobre o roteiro da peça *O Show Tem Que Continuar!*, de Roberto Gómez Bolaños (escritor, ator, comediante, dramaturgo e compositor mexicano que nasceu em 1929 e ficou famoso com as personagens Chaves e Chapolin), que fala sobre um estúdio de cinema que ia ser destruído para a construção de um condomínio. Ressaltei que, durante o encontro entre uma jornalista e o zelador do local, ficava claro que, como diz o zelador, ao mostrar os bastidores e falar sobre os filmes que foram feitos ali (de Charles Chaplin, do Gordo e o Magro, *Cantando na Chuva...*), todos os estúdios e cinemas poderiam ser destruídos, mas dificilmente seriam apagadas as histórias, as personagens e o significado de cada filme, pois o show tem que continuar. As crianças adoraram. Depois, quando comentei sobre Charles Chaplin, Lena disse que viu um filme dele chamado *Tempos Modernos*, que se passava em uma fábrica cheia de operários. Mencionou que o filme foi feito quando começaram a surgir as indústrias e contou para as outras crianças a história de *Tempos Modernos*. A partir daí, falei sobre o cinema mudo e suas características. Sandro comparou o cinema mudo a um episódio de *Os Padrinhos Mágicos* (série de desenho animado exibida na televisão), no qual, devido à magia, todas as personagens ficaram mudos e ninguém os ouvia, nem no próprio desenho. Expliquei para o grupo por que o cinema era mudo naquela época. Disse que não tinha captação do som, só imagem. Falei sobre a tecnologia e sua evolução. Comparei com a evolução do celular, dizendo que antes o telefone era só para falar e ouvir, mas hoje, ele pode até ser TV!

Outras crianças comentaram que seus pais falaram que, na época do cinema mudo, havia uma pessoa tocando piano ao vivo no cinema, durante a exibição do filme. Após essa conversa descontraída com as crianças, dividi a turma em quatro grupos, para que fizessem uma cena de cinema mudo. Logo depois, fizemos o exercício da máquina, no qual uma criança começava a fazer um movimento e um som, e as outras iam se juntando com outros movimentos e outros sons, até formarem uma máquina. Elas se divertiram. Mas, em seguida, pedi que fizessem uma improvisação coletiva e sem som sobre o filme *Tempos Modernos*, citado e narrado anteriormente por Lena. Elas criaram uma cena muito interessante. Metade da turma era o produto e a outra, os operários. Além de juntarem vários banquinhos, nos quais os "produtos" ficavam sentados, cada operário tinha uma função: amarrar um laço no pescoço ou encaixotar. Elas repetiram as funções e, como cada produto deveria passar por todas as fases, à medida que passavam por uma, sentavam no banco ao lado. Ficou lindo! Trabalharam em grupo com sincronia, corpo e ação. Então, fizemos novamente a roda, na qual conversamos sobre as cenas e fechamos o roteiro. De mãos dadas, nos despedimos e gritamos: O show tem que continuar!

Encontro IV
13.09.2008

Iniciamos a aula em roda, na qual conversamos sobre a semana. O primeiro jogo que fizemos para aquecer foi "Dança da Cadeira Coletiva". O que diferenciava esse jogo do tradicional era que ninguém saía da brincadeira. Todos tinham que dançar em volta da cadeira, mas quando a música parasse teriam que sentar, mesmo se uma cadeira ou mais fosse tirada. Portanto, deveriam se ajudar mutuamente, já que ninguém poderia ficar de fora. Mas como o grupo estava integrado e as crianças bem soltas, as maiores cuidavam das menores, pegando-as no colo. Até Giovana, que nos outros encontros havia apresentado dificuldades em se integrar, jogar e brincar, com a ajuda dos colegas participou ativamente. Além de alegria, ela também demonstrou que estava bem à vontade.

Em seguida, passamos para outro jogo, "Mocinhos da Europa", cujo objetivo era trabalhar a expressão corporal sem a fala, já que estávamos trabalhando com o cinema mudo. Para o jogo, separei a turma em dois grupos. Cada um tinha que pensar em uma profissão e combinar entre os componentes. O grupo um, que tinha ficado encostado em uma parede, deveria ir até o grupo dois. Em seguida, cada integrante do grupo dois deveria ficar em frente a um integrante do grupo um. A partir desse momento, o grupo dois começaria a fazer a mímica da profissão para o grupo um adivinhar. Se o grupo um acertasse, eu gritava "pega" e todos os integrantes do grupo dois correriam em direção à parede e os integrantes do grupo um correriam atrás deles para pegá-los. Quem fosse pego passava para o outro grupo. As crianças adoraram a brincadeira. Surgiram profissões como estátua viva, mímico, corretor de imóveis, domador, farmacêutico, crítico de comida (degustador), físico e entregador de jornais. Leandra, no início, resistiu em participar, pois era uma das mais velhas e dizia que brincar era coisa de criança. Como adolescente, ela devia estar se sentindo infantil. Então, conversei com ela sobre a importância da brincadeira no teatro, explicando que a mesma desenvolve a criatividade, a atenção, a cooperação, a espontaneidade, aquece o corpo, propicia a integração do grupo etc. Logo em seguida ela entrou no jogo, se entregou, se divertiu com os colegas e pediu mais uma rodada antes do intervalo.

Após o intervalo, fomos para a sala de TV e DVD para assistirmos a um trecho do filme *Tempos Modernos*, de Charles Chaplin. Mas antes de passar o filme, contei um pouco sobre a história do cinema e sobre a vida de Charles Chaplin. Expliquei em que época se passou e seu contexto histórico. Depois coloquei o filme para as crianças assistirem. Elas riram bastante e, durante a exibição, fizeram alguns comentários como "o Didi (nome da personagem que Renato Aragão interpretou durante anos na televisão) faz como ele". Terminado o filme, fizemos uma nova roda, na qual eles falaram de suas impressões e tiraram as dúvidas. Marina comentou:

– Coitado do Charles! Tem um patrão tão malvado, que não deixa os empregados terem nenhuma folga.

Vivian disse que tinha gostado bastante, pois ele interpretava sem falar e sem mexer as mãos. Marina frisou que gostou muito, pois, mesmo se fazendo de mudo, ele conseguia transmitir suas emoções ao atuar. Em seguida, as crianças perguntaram sobre a nossa peça e as personagens. Conversei novamente a respeito do roteiro e expliquei para elas que a nossa peça não tinha um conflito, apesar de ter como situação a destruição do cinema. Expliquei também que toda peça de teatro tinha que ter um conflito. Então, elas tiveram a ideia de criar vilões que, por sua vez, poderiam ser as pessoas interessadas em destruir o cinema. Também quiseram saber quem iria ser a jornalista e o zelador. Coloquei para elas que, em cada cena, poderíamos substituir essas personagens por pessoas diferentes. Elas não quiseram. Disseram que preferiam ter um ou uma jornalista e um zelador. Então, dividimos o grupo em três núcleos. O núcleo um seria o núcleo dos filmes. O núcleo dois seria o dos vilões (as pessoas que iriam desapropriar o cinema). O núcleo três seria o do jornalista e do zelador. Também perguntei às crianças em que núcleo gostariam de ficar. Não houve brigas, nem discussões. Muitos quiseram participar do núcleo de filmes, como Sandro, Raquel, Denise, Vivian, Marina, Giovana, Alex e Bianca. No núcleo dos vilões ficou Mario, Sueli e Cauã. E, como jornalista e zelador, Leandra e Guilherme. Marina e Luís haviam faltado, por isso eles ainda não estavam em nenhum dos núcleos. No entanto, teriam a possibilidade de escolher e, dessa forma, todos ficaram satisfeitos.

Falei sobre a primeira parte do roteiro, dos acontecimentos, da situação, das circunstâncias dadas etc., ou seja, do que se tratava a história, o que acontecia nas cenas, quais as situações em que as personagens eram colocadas, entre outros. Pedi às crianças que fariam os vilões para que se juntassem com as que fossem fazer o jornalista e o zelador a fim de incrementar a cena com a participação de todos. Enquanto isso, a partir do que foi assistido no filme de Charles Chaplin, o núcleo dos filmes deveria criar uma cena com o que mais ficou marcado.

Logo depois, a primeira cena apresentada foi a da jornalista, do zelador e dos vilões. A jornalista começava dizendo que estava na frente do cinema que seria destruído para a construção de um clube. Para a cena, eles criaram a entrada dos vilões, que dariam uma entrevista para ela, dizendo que o processo de compra do espaço estava em andamento e contavam o que seria feito daquele espaço. Prosseguindo, a jornalista informaria que não havia conseguido contato com os proprietários do cinema, já que eles se recusavam a dar entrevista sobre o assunto. Em seguida, ela entrevistaria o zelador do cinema e ele contaria que, apesar de estar com oitenta anos e aposentado, aquele lugar era a sua vida. Prosseguindo, ele ainda diria: "Aqui foi filmado o filme do Charles Chaplin, *Tempos Modernos*".

A segunda cena apresentada foi a do filme *Tempos Modernos*. Criada pelas crianças, a partir do resgate da cena feita na aula anterior, algumas eram produtos e outras operários, que se mexiam como Chaplin. Mas, com base na cena do filme, elas modificaram a história. Os movimentos eram repetitivos, porém apenas uma criança mexia no maquinário. Se ela aumentava a velocidade, os produtos também aumentavam sua velocidade, para passar pelos operários que faziam sua função. No fim da cena, os produtos paravam porque o maquinista também parava a máquina. Contudo, os operários saíam com tiques nervosos e andando como Chaplin no filme.

Ao final de todas as cenas, conversamos rapidamente, pois estava na hora de irmos embora. Mas as crianças comentaram que gostaram do que tinham feito. Elogiei a interpretação e o fato de terem resgatado do filme aquilo que era central e fundamental. Entretanto, disse que iríamos trabalhar um pouco mais o sincronismo dos movimentos na próxima aula.

Encontro V
20.09.2008

Iniciamos a aula conversando sobre a semana. Todos falaram sobre o que fizeram, contaram sobre a escola e sobre as provas. Depois, fizemos o jogo "Terremoto", que foi realizado da seguinte forma: em trios, duas pessoas, que seriam as paredes, ficariam de pé, de mãos dadas para o alto, formando uma casinha; o inquilino, que seria a terceira pessoa, devia ficar agachado dentro da casinha formada pelos dois colegas. Durante a brincadeira, eu dava os comandos. Se falasse "casa", as duplas que formavam a casinha teriam que trocar de lugar e de inquilino. Quando o comando fosse "parede", uma das pessoas que estava formando a casinha teria que trocar de lugar com outra "parede". Quando falasse "inquilino", todos os inquilinos tinham que trocar de casas. E, finalmente, quando o comando fosse "terremoto", todos trocariam de lugar e de funções (quem, por exemplo, era parede até então, deveria virar inquilino e vice-versa). Todos participaram e se envolveram bastante. Porém, tiveram um pouco de dificuldade para se manter no lugar, principalmente quando o comando era parede e eles acabavam fazendo como se fosse casa. Mas, depois de repetirem o jogo algumas vezes, pegaram o jeito.

Em seguida, passamos para o jogo "Vôlei e Basquete Imaginário". Definimos os times e o esporte. No entanto, como tudo era imaginário, seria sem bola, cesta ou rede. Contudo, as regras eram as mesmas dos esportes comuns. Durante o jogo de basquete, as crianças também tiveram dificuldades, mas, dessa vez, para imaginar a bola. Todas queriam estar com ela. No início, o jogo não ia para frente. Havia várias bolas e diversas pessoas fazendo cesta. Então, decidi fazer o jogo em câmera lenta. Porém, ainda observei muitos problemas. Aos poucos, fui apontando para o que acontecia: mesmo em grupo, elas jogavam sozinhas; falavam o tempo inteiro, descrevendo o que estavam fazendo para suprir a falta de visualização; começavam em câmera lenta e, em seguida, corriam. À medida que fui pontuando, elas foram se adequando ao jogo. Conseguiram mantê-lo em câmera lenta, pararam de falar e começaram a observar o grupo. Finalmente, conseguiram visualizar a bola e, em consequência, perceberam o quanto era importante imaginar. Em seguida, fomos para o intervalo.

Na volta, fizemos outra roda para conversarmos sobre a peça. Comecei a discussão falando sobre a cena inicial que era a da destruição do cinema. Vivian pediu para falar. Disse que, em casa, ficou pensando e achava que deveríamos manter o fim do roteiro, em que o cinema seria destruído. Denise, por sua vez, sugeriu que deveria ter uma audiência para decidir se o cinema ia ou não ser destruído. Então, perguntei o que ela gostaria de transmitir, e Denise respondeu que, assim, as pessoas poderiam imaginar o que quisessem, inclusive até uma continuação da peça: *O Show Deve Continuar 2*.

Abri, então, uma discussão sobre desapropriação e pirataria, questionando:

– Por que será que o dono vendeu o cinema?

Depois falei sobre pirataria e as crianças disseram que era crime, mas não sabiam por quê. Contei a elas que a prática ilegal diminuía o número de pessoas que iam ao cinema, pois, antes de o filme chegar ao circuito comercial, ele já estava nos camelôs. Falei ainda que, quando o governo resolve fazer um metrô, por exemplo, se necessário ele desapropria as casas, pagando, às vezes, um valor menor por elas. Comentei um relato de minha mãe sobre a venda de um cinema da cidade, hoje já demolido. Depois da discussão, ensaiamos as cenas propostas na aula passada. Na Cena Tempos Modernos trabalhei com o corpo e com velocidades diferentes. Perguntei que tipo de produtos eles seriam, mas também pedi que definissem bem a função de cada operário, devido ao sincronismo.

Trabalhei também a Cena da Jornalista, na qual a aluna preferiu ser repórter de TV. Depois, trabalhei o corpo do aluno que faria o zelador, primeiramente por meio de perguntas sobre como ele imaginava sua personagem. Como disse que tinha pensado num velhinho, que já estava fraco de tanto trabalhar, disse que os idosos assim têm certo tremor na voz e no corpo, se sentem pesados e apresentam dificuldades em se locomover. Então, coloquei um peso na perna do aluno para que, ao andar, ele o sentisse. Em seguida, tirei o peso e pedi ao menino que andasse imaginando que ainda estava com o peso. Dessa forma, ele foi caracterizando a sua personagem, com tremor, andando e falando devagar. Trabalhei também a cena dos vilões com o zelador e a jornalista. Em seguida, com eles, ainda fiz a junção das duas cenas criadas. No final das apresentações, conversamos em roda sobre as cenas realizadas. As crianças relataram ter gostado bastante delas e demonstraram ansiedade em saber que filme seria feito nas próximas aulas. Contei que o próximo seria *O Mágico de Oz*. Novamente demonstraram interesse e alegria.

Encontro VI
27.09.2008

Recebi e cumprimentei as crianças. Fizemos uma roda. Conversamos sobre a semana de cada uma delas e sobre os filmes que iríamos assistir. A pedido das crianças, jogamos "Queimada". Todas participaram, menos Marina, que estava muito agressiva com as demais crianças e reclamava das brincadeiras. Chamei-a para conversar. Ela falou sobre o falecimento de um tio e chorou muito. Decidi ir para o intervalo. Na volta, expliquei o porquê dos filmes escolhidos antes de assistirmos partes dos mesmos: *O Mágico de Oz*, de 1939, foi um dos primeiros filmes musicais que fez e ainda faz muito sucesso, graças à nova técnica tecnicolor na época; e *Star Wars*, filme com efeitos especiais, recorde de bilheteria e produção independente. Enquanto passava trechos dos dois, também contava a história deles. Algumas crianças já os haviam assistido. Mesmo assim, riram bastante e fizeram seus comentários. Em seguida, voltamos para a sala de ensaio. Dividi a turma em três. Perguntei, ao grupo que faria os filmes, quais seriam as pessoas que iriam interpretar. Expliquei ainda que todas as crianças participariam de vários filmes, mas a que ficasse com o papel principal em um, não ficaria em outro. Elas dividiram as personagens sem nenhum conflito. Então, dei um tempo para que elas criassem a cena para podermos improvisar.

O grupo dos vilões e Guilherme, o zelador, deveriam criar cenas de conflito. Eles dividiram as personagens e as criaram. O grupo de *O Mágico de Oz* improvisou uma cena em que Dorothy encontra e conhece o Homem de Lata, o Espantalho e o Leão. Coloquei a trilha sonora do filme e eles também criaram uma pequena coreografia. Já em *Star Wars*, após a divisão das personagens, o grupo realizou uma cena de luta entre o Duke e o vilão, para salvar a princesa Léa. As outras crianças fizeram os androides que aprisionaram a princesa. Houve luta e tiroteio! E o vilão disse ao mocinho:

– Eu sou seu pai!

Os vilões, que queriam destruir o cinema, fizeram uma cena na qual discutiam sobre o destino do mesmo. O grupo caracterizou bem as personagens. Cauã fez um chefe que, além de não ser criativo, era completamente dependente das ideias dos funcionários. Lucas fez sua personagem muito alegre e foi criador ao extremo. Na cena, o chefe não tinha ideias, mas o funcionário as tinha. Então, no final, como o chefe resolveu fazer o que o funcionário sugeriu, para ganhar as glórias do funcionário para si, o chefe dizia: "Nossa, eu sou demais, minha ideia é muito boa". Apesar da boa caracterização, percebi que a cena estava sem conteúdo. Principalmente sem o conteúdo que havia sido discutido em aulas anteriores. Observei também que o diálogo entre as personagens não se desenvolvia durante a cena. Devido a isso, no final da aula, quando nos reunimos e conversamos sobre as cenas, perguntei às crianças que fariam os vilões o que elas queriam transmitir com aquela cena. Disseram que queriam ser vilões cômicos. Retomei o assunto sobre desapropriação e sobre os interesses que as pessoas poderiam ter a respeito desse ato. Com isso, pretendi ajudá-los no desenvolvimento da cena. Só não terminamos a discussão porque os pais do Guilherme chegaram com bolo e refrigerantes para a comemoração surpresa do aniversário dele. Participamos da festa e cantamos parabéns.

Encontro VII
04.10.2008

Nesse dia, iniciamos a aula na sala de vídeo. Expliquei às crianças como seria a nossa aula. Contei que trouxe três filmes para assistirmos a um trecho de cada um deles: *Casablanca*, *Matrix* e *Frankenstein*. Contei a história inteira de cada filme, o porquê deles terem sido escolhidos e qual a marca que cada filme deixou na história. *Casablanca*, o filme mais famoso e citado na história do cinema, havia ganhado várias estatuetas do Oscars. *Matrix*, por sua vez, foi um filme que mudou a tecnologia do cinema, ao utilizar recursos de câmera lenta e giratória. Além disso, trabalhava com vários aspectos filosóficos, de religião, com o Kung Fu etc. Já *Frankenstein*, um dos primeiros filmes de terror, foi baseado num romance de grande sucesso, que gerou um novo gênero e influenciou a literatura e a cultura popular ocidental. Começamos a assisti-los. No final, como muitas crianças já estavam dispersas e inquietas, encerrei a primeira parte da aula sem levantar a discussão sobre os filmes. Deixei para depois do intervalo, que era um momento de descanso. Ao voltarmos para a sala de aula, abri a roda e perguntei:

– O que vocês mais gostaram? O que não gostaram? O que acharam interessante?
– Eu gostei mais do *Matrix*. Aquela parte do sequestro – disse Vivian.
– Professora, eu gostei muito do *Frankenstein*, do monstro. Ele era bonzinho e todo mundo achava ele ruim – ressaltou Mario.
– Vai ficar muito legal aquela cena do *Matrix*, com todo mundo congelado – frisou Guilherme.
– O que eu gostei foi de *Casablanca*. Eu quero ser o mocinho – disse Vivian.
– A parte das lutas do *Matrix* foi muito legal – falou Denise.

Bianca concordou, dizendo que também tinha adorado essa parte. Vivian afirmou que pretendia ser homem em todos os filmes e Alex disse que queria ser a personagem Neo. Após todos terem falado dos filmes, disse que precisaríamos escrever a sinopse para o livrinho da mostra. Também expliquei o que era sinopse, afinal, havia duas crianças novas na turma. Então, pedi que emitissem suas opiniões, que iria anotar.

– Eu pensei em falar que o estúdio cinematográfico tinha que ser destruído. Mas que muitos clássicos foram filmados e gravados no lugar, que também tinha salas de projeção para o lançamento de seus filmes. Depois, que uma jornalista foi entrevistar o zelador que mostrou tudo para ela – disse Guilherme.
– Não tem que contar que vai ser destruído. Acho que tem que falar de todos os filmes – rebateu Vivian.

Por sua vez, Marina frisou que não tinha que falar de todos os filmes para não perder a surpresa! Ela também disse que no resumo não deveríamos falar o nome dos filmes, mas que poderíamos perguntar: "Será que o cinema vai ser demolido ou vai ser um sucesso?"

— Isso pode ficar no final da sinopse — respondeu Raquel.

Então, eu disse: — Vamos escrever! Depois de muita discussão, com a opinião de cada um, a sinopse ficou assim:

> Empresários querem demolir um estúdio de cinema para construir um shopping. Uma jornalista vai fazer um documentário e lá conhece o zelador que cuida do espaço há muito tempo. Ele vai convidá-la a conhecer a magia dos maiores clássicos do cinema que foram ali gravados. Será que o show vai continuar?

Em seguida, expliquei que no livrinho da mostra de peças da escola, além da sinopse, iria a foto do grupo e o nome de cada integrante. Pedi que escrevessem, com letra de forma, como gostariam que seus nomes fossem escritos. Orientei que deveriam optar só por dois nomes (nome e sobrenome). Com suas próprias letrinhas, eles escreveram seus nomes. Logo após, dividi o grupo em dois para que criassem as cenas dos filmes que tínhamos assistido. Eles ficaram confusos ao dividir as personagens. Eu disse que todos deveriam ter uma personagem principal em cada filme. Enquanto isso, um por um foi sendo chamado para tirar as fotos. De acordo com a ideia que tiveram, era necessário tirá-las individualmente. Ao término da sessão de fotos, percebi que as crianças ainda não tinham conseguido se organizar nem criar as cenas. Abri uma roda e perguntei quais dúvidas e empecilhos surgiram na criação das cenas. Além da indecisão sobre as novas personagens, eles disseram que também tinham percebido que faltavam pessoas para fazer as cenas. Então, fiz uma lista de filmes e personagens; dividi novamente, de acordo com os desejos das crianças. Todos ficaram com o mesmo número de personagens e satisfeitos com a nova decisão e organização. Encerramos a aula.

Encontro VIII

11.10.2008

Iniciamos a aula em roda, conversamos sobre a semana e o que faríamos naquele dia. Combinamos que teríamos somente um jogo. Depois, ainda na primeira parte da aula, iniciaríamos a criação das cenas. Essa decisão foi tomada porque na aula passada não deu tempo para criar todas as cenas, mas todos concordaram com muita alegria, pois não viam a hora de começar a ensaiar. Assim, realizamos o jogo "Pick Pega do Abraço". No jogo havia um pegador que correria atrás das outras crianças. Quem fosse pego, ficaria parado, à espera de ser salvo pelo abraço de um colega. Quem fosse pego três vezes, passaria a ser o pegador. As crianças participaram com muito entusiasmo. Em seguida, dividi a turma em quatro grupos. O grupo formado por Guilherme e Leandra, que representariam o zelador e a jornalista, também deveria criar as cenas de ligação entre as cenas dos filmes. Os outros três grupos teriam que criar as cenas dos filmes assistidos na aula passada (*Casablanca*, *Frankenstein* e *Matrix*). Prosseguindo, tirei as dúvidas sobre os filmes com cada grupo, visando à construção das cenas. Em seguida, as crianças fizeram as apresentações. Logo depois, fomos para o intervalo.

Ao voltarmos, abrimos uma roda. Cauã tinha trazido duas músicas que achou que seriam interessantes para a peça. A turma ouviu e todos gostaram de sua proposta. Juntos decidimos em que momento elas se encaixariam. Resolvemos, então, iniciar um passadão (ensaio da peça sem parada para ajustes de cenas, no qual o ideal é improvisar o que não é possível lembrar), com todas as cenas que tínhamos até o momento. Conversei com as crianças sobre tal processo; com uma fita crepe, desenhei no chão o palco e a coxia. Pedi que se posicionassem em seus lugares; falei sobre a importância da concentração e da atenção tanto nas cenas dos colegas quanto nas próprias cenas. Juntos, elencamos a ordem das cenas. Assim, durante o passadão, orientei as crianças em relação à ordem das cenas. No término, fiz outra roda para falarmos sobre a experiência. Elogiei, porque foram criadas e improvisadas cenas interessantes; e também fiquei satisfeita com a postura das crianças, que permaneceram, na maior parte do tempo, concentradas. Perguntei a eles o que acharam de tudo aquilo:

> – Para um primeiro dia de passadão, acho que ficou muito bom! – disse Vivian.
> – Achei que algumas cenas ficaram lerdas – reclamou Guilherme.

Giovana, por sua vez, disse que tinha adorado. A partir dessa conversa, concordei que, para um primeiro dia, tinha sido muito bom, mas que ainda precisávamos trabalhar o ritmo das cenas. Retomei a questão de termos uma preocupação com o público, portanto, ninguém deveria ficar de costas para a plateia. Outro aspecto que levantei, foi o fato de haver cenas muito curtas, sem falas, que deixariam o público sem entender muito bem a história e a personagem. Quase no final, lembrei às crianças que, na semana seguinte, faríamos a criação dos figurinos e acessórios. Terminamos a aula gritando o nome da peça: O *Show Tem Que Continuar!*

Encontro IX
18.10.2008

Novamente iniciamos a aula em roda. Expliquei para as crianças como seria o dia. A primeira etapa foi marcada pela criação do figurino. Mas, antes de começarmos os desenhos, disse para as crianças que deveríamos fazer algo básico porque, assim, poderíamos colocar diversos acessórios para compor as personagens, uma vez que cada criança representaria várias delas. Então, coloquei em votação a ideia e todos adoraram! Em seguida, perguntei:

– De que cor será o figurino básico?

Alguns disseram que gostariam que fosse preto; outros preferiam branco. Coloquei em votação. Venceu o preto. Depois, perguntei:

– Macacão ou calça e blusa?

Cinco votaram em calça e blusa, mas ganhou o macacão, com nove votos. Em seguida, entreguei folhas e canetinhas para que os alunos desenhassem seus figurinos e acessórios. Todos cumpriram a tarefa, colocaram seus nomes e escreveram como imaginavam seus figurinos. Em seguida, junto a eles, fiz uma nova lista com nome, figurino e acessórios de cada um. Logo após, fomos para o intervalo. Quando voltamos, iniciamos o processo de ensaio. Dividi a turma em grupos para trabalhar algumas cenas. Retomei a discussão com os vilões sobre desapropriação, pirataria e interesses que as personagens poderiam ter. Questionei novamente o que gostariam de transmitir. Então, dei uns minutinhos para a criação. Enquanto isso, os outros grupos também já criavam suas cenas. Em seguida, chamei todos para iniciarmos as apresentações das cenas.

A cena do filme *O Mágico de Oz* me fez discutir com as crianças, pois ela ainda estava muito longa e confusa. Já a cena dos vilões foi modificada pelos meninos. Eles criaram uma cena em que, enquanto um dos vilões queria transformar o cinema em loja de "muamba de eletrônicos e de CDs piratas", a outra vilã pretendia montar uma loja de brinquedos pirata. Nas cenas seguintes, eles ainda apresentaram um dos vilões questionando a situação:

– Será que é certo? Vamos ser presos! Vamos prejudicar muita gente!

Em resposta, os outros apenas falavam em ter muito dinheiro e poder. Mas, apesar de interessante, a cena ficou sem tempo-ritmo.

Em relação a *Frankenstein*, os alunos foram muito objetivos, o que tornou a cena sucinta. Orientei quanto a isso e, por meio de questionamentos, estimulei a colocação de mais falas:

– O que a noiva poderia falar ao ver o monstro? O que o monstro falaria ao ganhar vida? O que ele pensava que o doutor era dele? Como o doutor se sentiria ao ver sua obra ganhar vida?

Já em *Star Wars*, percebi que, na cena de luta, havia muita bagunça. Precisava trabalhá-la por meio de expressão corporal e coreografia, pois a cena estava poluída. Realizei um exercício em que eles tinham que lutar em câmera lenta, mas com espadas. Fui dando instruções:

– Em câmera lenta, fiquem se olhando, rodando, como se estivessem prontos para atacar, porém na espera do melhor momento.

Coloquei uma música do próprio filme e, em um determinado momento, pedi que começassem a lutar em câmera lenta. Depois, pedi que aumentassem a velocidade aos poucos, até uma personagem matar a outra. Ensinei também uma técnica que permitia parecer, principalmente para a plateia, que uma personagem enfiou a espada na outra, ao se colocar a espada debaixo do braço da golpeada.

Ao longo das apresentações, além de enfatizar todos esses assuntos, repeti todas as cenas com as crianças. No final da aula, fizemos mais uma roda. Lembrei a todos que a estilista viria na próxima aula e pedi para não faltarem. Terminei a aula desejando um "Feliz Dia das Crianças" tardio, mas com pirulitos, e elas pularam de alegria.

Encontro x
25.10.2008

Como de costume, iniciamos a aula formando uma roda. Expliquei para as crianças como se daria o transcorrer do período. Relembrei a elas que a costureira ia chegar para fazer a medida dos figurinos. Como Vivian e Raquel haviam faltado na aula passada, dei-lhes canetinha e papel para que desenhassem suas roupas, mas pedi que as crianças contassem o que decidimos anteriormente sobre os figurinos. Elas falaram da votação (na qual foi escolhido o macacão preto) e sobre os acessórios. Disse, então, às crianças que, enquanto eu ajudava a costureira com os figurinos e as medidas, elas iriam ensaiar com o David (meu assistente).

A costureira chegou. Apresentei as crianças a ela e nos acomodamos na mesa com os desenhos. Depois, fomos chamando as crianças, uma a uma, para que elas explicassem seus desenhos e suas personagens. Em seguida, fizemos as medidas. Também expliquei para a costureira como funcionava a questão dos figurinos: as crianças teriam direito a uma roupa e dois acessórios, porque elas iriam representar várias personagens dos filmes escolhidos e os acessórios serviriam para diferenciá-las. Então, começamos a fazer as medidas, enquanto as crianças contavam o que queriam e eu as auxiliava. Isso durou o período inteiro da aula. Mas, em paralelo, as crianças também ensaiavam com David. Segundo ele me disse, elas conseguiram passar todas as cenas relacionadas aos filmes, com exceção da cena do filme *Matrix*, porque estavam com dificuldades para desenvolver as falas. Terminamos a aula: até sábado que vem!

Encontro XI

01.11.2008

Iniciamos a aula em roda, na qual conversarmos sobre como ia ser o dia. Expliquei às crianças que teríamos coisas importantes para decidir, entre as quais a questão do cenário e dos adereços. Orientei quanto à ordem das atividades. Em primeiro lugar, como de costume, faríamos um jogo, depois iríamos para o intervalo e, na volta, montaríamos o cenário e ensaiaríamos a peça, anotando todos os acessórios que utilizaríamos em cena. Propus, para começar, o jogo "Vôlei Três Cortes", no qual, em roda, as crianças só poderiam dar três toques na bola, desde que o terceiro fosse uma cortada. Se a bola batesse em alguém e caísse no chão logo em seguida, a pessoa seria queimada e, então, ela teria que ir para o centro da roda, onde ficaria sentada no chão. O jogo continuaria, mas quem estivesse no chão podia tentar pegar a bola. Se pegasse, quem encostou a mão na bola pela última vez deveria ir para o chão no lugar dela. Esse jogo tinha como objetivo realizar o aquecimento, a integração, a prontidão e a concentração do grupo. Já tinha percebido, em outras aulas, que as crianças estavam desconcentradas e sem prontidão. Entravam em cena atrasadas e, às vezes, sem energia. Portanto, acreditava que esse jogo traria energia, disposição e prontidão para elas. Porém, quando o propus, as crianças mais velhas mostraram resistência. Disseram que queriam jogar "Queimada". Eu expliquei que já havíamos jogado "Queimada" muitas vezes no semestre e que outros jogos eram tão bons e tão divertidos quanto esse. Pedi que experimentassem o jogo proposto e, se não gostassem, nós pensaríamos em outro mais interessante. Provavelmente a resistência ao jogo proposto aconteceu porque as crianças mais velhas, ou melhor, os adolescentes, queriam ditar os acontecimentos nas aulas, pois, por muitas vezes, eles já tinham argumentado que as brincadeiras que eu dava eram infantis.

Enfim, começamos o jogo. Todas as crianças participaram e se divertiram bastante, exceto Giovana, que disse que não sabia e que também não queria jogar. Os outros alunos a chamaram e jogaram a bola para ela. Depois, a menina acabou se soltando um pouco e entrou na brincadeira. Mas, além de tímida, não tinha iniciativa; só participava se os outros jogassem a bola para ela. Fomos para o intervalo.

Na volta, colei uma fita crepe no chão, delimitando o espaço do palco, plateia e coxia. Pedi às crianças que se sentassem na plateia, de frente para o palco. Depois disse que, uma a uma, deveriam entrar no palco e colocar um componente no cenário (adereços que compõe o cenário). Assim fizeram, mas o palco ficou cheio de banquinhos, sem nenhum espaço para as cenas. Então, pedi que olhassem o espaço e, enquanto faziam isso, questionei sobre o lugar em que eles encenariam. Perguntei também o que eram aqueles banquinhos. Eles foram explicando: a cama de *Frankenstein*, o bar de *Casablanca*, a nave de *Star Wars*, a indústria de *Tempos Modernos* etc. Indaguei se havia necessidade de tudo aquilo em cena. Comecei pelo filme *Tempos Modernos*:

– Será que precisaria da máquina?

Falei sobre aquilo que poderia ser simbólico na cena e perguntei:

– Será que o que vocês estarão fazendo em cena já não representaria bem o que é uma fábrica?

Em seguida, passamos pelos demais filmes: *O Mágico de Oz*, *Matrix*, *Star Wars*, *Casablanca* e *Frankenstein*. Depois dos questionamentos, limpamos o palco e vimos a necessidade de ter em cena apenas três banquinhos pretos e uma mesinha com duas cadeiras, para representar o bar de *Casablanca*.

Logo após ajeitarmos o cenário, disse às crianças que iríamos passar as cenas desde o início, tentando trabalhar o desenvolvimento de cada uma, levando em conta os adereços colocados no palco. Passamos metade da peça e eu pude trabalhar com as crianças o problema de ficar de costas para o público e o ritmo. Pedi que se concentrassem em suas entradas e saídas, para não ficar nenhum branco entre uma cena e outra. Marcamos o lado da coxia pelo qual cada personagem ia entrar e sair. Levantei o problema das falas que estavam curtas demais, o que poderia levar o público a não entender a cena por causa da falta de explicação. Perguntei para Bianca quem era o agente Smith (do filme *Matrix*) citado na cena dela. Ela me explicou. Então, pedi que ela repetisse a explicação, mas utilizando sua fala da peça. Para Marina, perguntei como a personagem dela, o Leão (do filme *O Mágico de Oz*), se sentia por não ter coragem. Como ela respondeu que muito triste, porque até no filme ele chorava, pedi que em cena ela colocasse essa tristeza. Elas acataram as sugestões e eu elogiei a melhora. Depois, enquanto passávamos as cenas, fui anotando os adereços que as crianças usariam. Como estava chegando o horário de irmos embora, encerrei o ensaio e fiz uma roda, na qual conversamos sobre ele. Por fim, como só restava esperar a próxima semana, ainda aproveitei para elogiar a concentração das crianças e dizer que o ensaio do dia havia rendido bastante!

Encontro XII
08.11.2008

Novamente o encontro começou com a formação de uma roda para combinarmos como seria a aula. Contei às crianças que a atividade de Kung Fu, prevista para o dia, tinha sido remarcada para a próxima aula, porque o professor tinha ligado para dizer que houve um imprevisto e, em consequência, não poderia comparecer. Então, de início, propus o jogo "Cobaia Maluca", para o qual eram formados grupos de cinco alunos. Entre eles, um seria a cobaia. Os demais deveriam se posicionar um na frente, outro atrás e, os dois restantes, um de cada lado da cobaia. Dessa forma, quem estivesse na frente da cobaia tinha que fazer movimentos para que ela imitasse; o que se posicionava atrás da cobaia deveria mexer e perturbar os movimentos dela; o que estivesse à direita da cobaia tinha que fazer perguntas a ela que, por sua vez, deveria respondê-las; e o que estivesse à esquerda, tinha que demonstrar que estava indo embora, para ser impedido pela cobaia. Tudo isso precisava acontecer ao mesmo tempo. Mais uma vez as crianças reclamaram, dizendo que gostariam de jogar "Queimada". Porém, como na aula passada já as tinha convencido a jogarem outra coisa, combinei que poderiam fazer uma rodada de "Queimada Coletiva", mas, em seguida, experimentariam o novo jogo que eu estava propondo. Elas jogaram e se divertiram. No entanto, quando encerrei a brincadeira e comecei a orientá-las para o novo jogo, houve um pouco de resistência, mas logo relembrei o combinado e, então, aceitaram jogar "Cobaia Maluca". Depois disso, gostaram tanto da brincadeira que não queriam mais parar. Após terminarmos o jogo, demos início ao trabalho das cenas que ficaram faltando na aula passada: *Star Wars* e *Casablanca*.

Pontuei as mesmas coisas já vistas anteriormente: as crianças deveriam explicar melhor as cenas, aumentando as falas; pedi a elas para terem cuidado com as entradas e saídas; e alertei-as para se preocuparem com o entendimento do público. Questionei também as falas, os sentimentos e as ações das personagens e, em seguida, fomos para o intervalo.

Na volta, passamos o fim da peça, a última cena em que todos estavam presentes, conforme o roteiro de *O Show Tem Que Continuar!* No roteiro também havia a letra de uma música que deveria ser cantada na peça, porém não conhecíamos a melodia. Então, nos propomos a criá-la e cada um sugeriu um ritmo: axé, *rap* etc. No final, decidimos fazer um *rap* com a letra. Ensaiamos bastante o canto e, em seguida, ainda criamos uma coreografia para a música.

Mas como no meio da letra existiam apenas algumas falas, além de separamos quem ia falar o quê, também tivemos que criar outras, para que todos pudessem participar ativamente da cena. Como resultado final, a cena ficou muito linda, pois foi realizada com a empolgação e participação de todos com alegria. Além do mais, esse era um dos poucos momentos da peça em que todos, sem exceção, estavam em cena. Ao terminarmos o ensaio da música, associando-a à coreografia e às falas da peça, fizemos uma roda e conversamos sobre como o dia havia sido produtivo.

Encontro XIII
22.11.2008

Quem deu a aula nesse dia foi David Denis Lobão, professor substituto e assistente. Portanto, o registro que se segue é de sua autoria:

Cheguei à sala e percebi que os alunos estavam muito agitados. Eles queriam jogar "Queimada", mas como estávamos sem bola, resolvi passar um jogo para que ficassem quietos e relaxassem. Participamos do jogo "Cidade Dorme". Porém, no meio da atividade, chegaram os rapazes que iriam nos ajudar. O professor Willian Sifu e cinco dos seus alunos ensinariam Kung Fu para as crianças aplicarem na encenação do filme *Matrix*. Os alunos se apresentaram para eles e a primeira que quis falar foi Vivian, que explanou muito bem sobre quem era e do que gostava. Na sequência, foi o grupo do professor Willian Sifu que se apresentou e contou um pouco da história das artes marciais, do Kung Fu e da filosofia da luta. Eles também explicaram como funcionavam as aulas, os treinamentos e as apresentações. Prosseguindo, fizeram algumas etapas de demonstração: primeiro, exercícios de aquecimento, depois, apresentação de estilos, em seguida exibiram lutas coreografadas e, para encerrar as demonstrações, mostraram o *Tai Chi Chuan*, que é uma espécie de Kung Fu para relaxamento. No final de tudo, Willian, que além de professor de Kung Fu também é ator e já fez alguns filmes nacionais de artes marciais, demonstrou técnicas para fingir golpes tanto no cinema quanto no teatro. A partir de então, a sala foi dividida em três grupos. Alex (Neo) e Bianca (Morpheus) treinaram a luta inicial com três dos membros da equipe do professor Sifu. Enquanto isso, os demais atores, que fariam os inimigos de Neo, foram ensaiar em outro canto com os outros três colaboradores do grupo do professor Sifu. Eu fiquei com o restante do grupo na sala e acompanhei Guilherme e Leandra (os narradores) no ensaio de suas cenas. Mas pedi a ajuda da aluna Denise. Como não faria as lutas como Trinity, Denise poderia, além de acompanhar os narradores, anotar as cenas em que Guilherme e Leandra erravam ou pulavam as falas. Logo depois, quando o Kung Fu foi encerrado, a costureira chegou para a prova dos figurinos. Depois de provarem as roupas, as crianças foram embora. Até a próxima aula!

Encontro XIV
26.11.2008

Como sempre, começamos o dia formando uma roda. Contei às crianças que a programação da aula tinha sido mudada, porque o músico Rick, que ensaiaria as músicas conosco, teve um problema no trabalho e não poderia estar presente. Mas também avisei que, no ensaio geral da semana que vem, ele viria. Em seguida, apresentei Carol Guidoni, responsável pelo som da peça. Logo depois, expliquei que faríamos um aquecimento de voz e corpo e, em seguida, ensaiaríamos as canções sem o músico. Falei sobre a importância do aquecimento para o ator e como ele ia ser importante para nós, uma vez que cantaríamos e criaríamos a coreografia das músicas.

Ressaltei que, além de aquecer o corpo e a voz, o aquecimento também traria flexibilidade e criatividade corporal e vocal. Disse ainda que, após esse ensaio, começaríamos o passadão da peça. Iniciamos, então, o aquecimento de voz. Ficamos em roda, porém em pé, e fizemos exercícios de alongamento e relaxamento; depois realizamos exercícios de respiração, vibração das pregas vocais, articulação exagerada, caretas e *humming* (exercícios de ressonância). Tudo isso foi praticado com movimentos corporais acompanhados pela cantiga de roda "O Mané se Mandou", cuja letra é assim:

> Mana o Mané se mandou,
> Mana o Mané se mandou.
> Nossa nada disso é normal.
> O Mané se mandou sem comer seu mingau.

Todos realizaram o aquecimento com muita empolgação. Logo após, pedi para David relembrar com algumas crianças a música "Carretel", que seria cantada no fim da peça por todo o elenco. Enquanto isso, eu ensaiaria a música do filme *O Mágico de Oz*, com Raquel, Vivian e Bianca. No filme, ela aparece na cena em que Dorothy e seus amigos viajavam até Oz para encontrar o mágico. Mas como só encontrei a letra em inglês, tive que traduzi-la e adaptá-la para o português, para que as crianças pudessem cantar. A letra ficou assim:

> Nós vamos ver o mágico,
> O grande mágico de Oz.
> Ouvimos que ele é o maior mágico que já existiu.
> Se já existiu um grande mágico,
> O mágico de Oz é o grande mágico.
> Por que, por que, por que, por que, por quê?
> Pelas coisas lindas que ele faz.
> Nós vamos ver o mágico,
> O grande mágico de Oz.

Coloquei a música em inglês no aparelho de som para as crianças ouvirem e "pegarem" a melodia. Depois, cantei em português e, em seguida, elas cantaram comigo. Ajustei as vozes, trabalhei a velocidade, o ritmo e a afinação entre elas. Finalmente, associei esse trabalho ao da coreografia, para que os movimentos corporais correspondessem à melodia e ao ritmo da música. O resultado ficou lindo! As crianças demonstraram alegria, animação e entusiasmo. Então, apresentamos a criação para o grupo, que também achou maravilhoso. Em seguida, pedi às crianças que se juntassem ao grupo e a David para ensaiarem a música e a coreografia do final. Comecei a ensaiar com Raquel. Ela faria Dorothy e teria que cantar uma música sozinha. Mas a menina, que demonstrava muita insegurança, me disse:

– Tia, será que vou conseguir cantar sozinha? Você não acha melhor desistirmos?

Respondi que jamais daria a ela um desafio que não pudesse alcançar. Disse também que foram três semestres acompanhando seu desenvolvimento e que tinha certeza de que ela conseguiria; bastava apenas que tivesse vontade de enfrentar o medo do desconhecido. Pedi que tentasse cantar no ensaio e, então, ela deu um sorriso e disse:

– Então vou tentar e conseguir!

Coloquei a música em inglês, cantei em português e, depois, cantamos juntas. Em seguida, Raquel cantou sozinha, com a voz um pouco trêmula, demonstrando insegurança, embora com ritmo e melodia. Elogiei bastante e disse:

– Não falei que você conseguiria?!

Então, com mais segurança e a voz menos trêmula, ela cantou mais uma vez a seguinte letra:

Além do arco-íris.
pode ser
que alguém,
veja em meus olhos
o que eu não posso ver.
Além do arco-íris,
só eu sei que o amor
poderá me dar tudo que eu sonhei.

Fomos para o intervalo. Quando voltamos, fizemos uma roda, na qual falei que iríamos fazer um passadão da peça, sem parar, como se fosse o dia da apresentação. Então, marquei com fita crepe no chão o espaço que seria o palco, a coxia e a plateia. Peguei alguns acessórios para que as crianças já ensaiassem com eles. Expliquei também que faríamos o ensaio com a trilha sonora, então todos deveriam esperar a música ficar bem baixinha para começar a falar. Como a maioria já estava no teatro há alguns semestres, pedi que contassem para os novos o que gritávamos antes de nos apresentar e a origem da tradição. As crianças explicaram que gritávamos "MERDA" e que a tradição vinha do século XVI. Na época, como as pessoas que iam assistir aos espetáculos chegavam de charretes e cavalos, os grupos de teatro sabiam se o espetáculo ia ser bom ou não pela quantidade de cocô de cavalo, ou seja, de merda! Se houvesse muita, tudo indicava que o espetáculo seria bom. Então, eu disse que para que o nosso ensaio fosse melhor ainda, devíamos também chamar muita energia positiva, batendo os pés e, quando contássemos até três, correríamos até o meio da roda e gritaríamos: MERDA!!! E assim fizemos.

Depois, pedi que se posicionassem na coxia, em seus lugares, distribui os acessórios para treinarem a troca deles durante a peça e, finalmente, começamos o ensaio. No entanto, não conseguimos fazer o passadão. Por muitas vezes tivemos que parar, porque os alunos estavam agitados na área e não prestavam atenção na hora de entrar nem de sair das cenas. Vários deles também se esqueceram do momento de suas cenas, porque estavam brincando na coxia. Precisei chamar a atenção deles muitas vezes. Assim, com muita dificuldade, conseguimos passar a peça até o fim. Eu acreditei que isso tudo tinha acontecido porque era a primeira vez que eles estavam usando os acessórios e o dia da peça também se aproximava. Já tínhamos terminado, definitivamente, de montar o espetáculo e, em consequência, eles estavam ansiosos.

Então, pedi que fizessem uma roda. Conversei de maneira mais firme, já estava bem brava. Perguntei a elas se era assim que fariam e se pretendiam ficar desatentas e brincando na coxia no dia do espetáculo. Disse que a peça tinha tudo para ser um sucesso, porém, o que não tinha dado certo no ensaio era consequência da falta de concentração e da bagunça. As crianças disseram que eu estava certa; que não gostariam de apresentar a peça daquele jeito e ainda prometeram ficar mais atentas na próxima semana. Pedi, então, que pensassem sobre tudo e avisei que na próxima semana faríamos o ensaio geral no teatro às 9h00.

Encontro XV
06.12.2008

Cheguei ao teatro por volta das oito da manhã, com Érika. Érika era a coordenadora da escola de Alphaville, e se colocou à disposição para nos ajudar durante o ensaio geral. Preparamos o camarim para as crianças e, como a costureira havia deixado os figurinos na véspera, conferimos as peças. Tudo estava correto. Montamos o cenário, organizamos a coxia, colocamos uma cadeira para cada criança deixar seus acessórios e não fazer bagunça. Às 9h00, as crianças começaram a chegar. Pedi para vestirem seus figurinos, que já estavam separados no camarim. Quando todas ficaram prontas, pedi que fossem até a coxia, onde iria fazer a distribuição dos acessórios. Expliquei que cada uma teria uma cadeira, na qual devia ficar seus acessórios. Avisei que ninguém devia mexer naquilo que fosse do colega, pois poderia atrapalhar o espetáculo.

Após deixarmos tudo pronto para começar o ensaio, pedi a todas as crianças para irem ao palco, onde fizemos um aquecimento de voz. O músico chegou. Apresentei Rick para a turma e começamos a ensaiar as músicas com ele. Alguns ajustes foram feitos, de acordo com o violão. Nesse momento, as crianças já demonstravam certa agitação. Em seguida, fizemos uma roda, conversei sobre o ensaio, e alertei sobre o fato de que estávamos no último dia de ensaio. Solicitei que improvisassem quando se esquecessem de alguma coisa; pedi que fizessem o que sempre fizemos em aula e que ajudassem os colegas tanto em cena quanto fora dela. Lembrei o combinado do final da aula passada. Após o silêncio na coxia, gritaríamos MERDA! Por fim, começamos o ensaio, que foi terrível. As crianças entravam em uma cena com acessórios de outra, algumas os esqueciam no palco e, no meio de outra cena, voltavam correndo para buscá-los, outras entravam e perguntavam:

– Sou eu agora? O que eu faço mesmo?

A coxia parecia que ia ser destruída por tanta bagunça. Algumas crianças estavam perdidas no espaço. Faziam suas cenas em uma ponta do palco e deveriam estar na outra. Além de tudo, elas brigavam em cena por causa desses enganos. Percebi que estavam inseguras e em pânico. Isso nunca havia acontecido comigo em outras turmas e nem mesmo com essa, com quem já estava há três semestres.

Normalmente, as crianças ficavam mais agitadas antes da apresentação, mas conseguiam ensaiar, porque a ansiedade não atrapalhava. Dessa vez, tudo estava diferente, talvez porque o método da escola tinha sido mudado. Até o semestre passado, as crianças criavam toda a história. Agora, tinham uma história relacionada com um tema escolhido por elas e se baseavam nela para montar a peça. Tal mudança ocorreu em virtude de uma preocupação maior com o trabalho que envolvia outras linguagens, que antes era menor. Portanto, como o trabalho se aprofundou mais, tais mudanças tinham gerado mais ansiedade, tanto nas crianças quanto em mim, que era a educadora da turma.

Ao acabar o ensaio, pedi às crianças que se sentassem na beirada do palco para conversarmos. Solicitei que a coordenadora Érika, o músico, Carol (responsável pelo som) e David (assistente) comentassem o ensaio. No geral, cada um com suas palavras, disseram que estava uma bagunça. Percebi que os olhinhos das crianças se encheram de lágrimas, de medo e de insegurança. Partiu meu coração. Então, disse a elas que o espetáculo estava lindo e que sempre fizeram a aula com muita dedicação, por isso acreditava nelas mais que todo mundo, porque estávamos juntos há três semestres e continuávamos unidos durante esse semestre inteiro. Portanto, o espetáculo era delas, porque o tinham criado e, assim, mais do que ninguém, também tinham a propriedade do que estariam fazendo. Prosseguindo, expliquei que a única coisa que atrapalhou o ensaio foi à falta de concentração:

> – Se a gente tivesse ficado quietinho na coxia, prestando atenção na cena do colega, ia ser fácil de lembrar que chegou a hora de entrar em cena. Se estivéssemos quietinhos na coxia, conseguiríamos vestir os acessórios e ainda sobraria tempo antes de entrar em cena. Se estivéssemos quietinhos na coxia, conseguiríamos pensar nas próximas personagens que iríamos fazer e relembrar a cena.

Prometi que faria um roteiro para que acompanhassem na coxia. As crianças falaram que, para elas, a peça era especial, porque era mais complicada de fazer, mas que estavam com medo. Eu disse que não precisavam ter medo, pois era só acreditar nelas mesmas e no que tinham feito o semestre inteiro. Eu garanti que ia dar tudo certo. Então, Érika sugeriu que falássemos com os pais para trazerem as crianças às 13h00, em vez de 14h00. Concordei em ensaiarmos uma vez antes da apresentação porque, dessa forma, elas também poderiam ficar mais seguras e com menos medo. Assim foi feito e, enquanto levava as crianças para o camarim para se trocarem, Érika falou com os responsáveis sobre a possibilidade de trazê-las às 13h00 para se prepararem para a apresentação.

Encontro XVI
07.12.2008

Enfim, a apresentação! Conforme combinamos, as crianças chegaram às 13h00 (com exceção de uma) para fazermos um ensaio antes da apresentação marcada para as 16h00. Elas colocaram o figurino e fizeram a maquiagem. Enquanto isso, eu ajeitava na coxia uma cadeira para cada criança, com seus respectivos acessórios. Também levei um roteiro com a ordem das cenas. Em seguida, fiz uma roda com elas, na qual as estimulei a fazer o ensaio tendo concentração. Disse que sabiam fazer a peça, afinal foram elas que a construíram. Mas Bianca não chegava e já era 14h00. Em consequência, as crianças começaram a ficar ansiosas e passaram a perguntar:

– E se a Bianca não vier?

Eu disse que achava difícil a menina não aparecer, mas que sempre conseguiríamos encontrar uma solução juntos. No entanto, se Bianca não viesse, quem poderia ficar no lugar dela? Teríamos que pensar em quem não estava nas cenas com ela e que conseguiria se lembrar dessas mesmas cenas. Então, Denise se ofereceu para fazer uma das personagens (o Homem de Lata). Tudo estava resolvido e demos o grito de guerra: MERDA!!!

Fui para a coxia com os alunos para dar início ao ensaio. Todos estavam concentradíssimos, tanto que se ajudavam entre si no momento de troca de acessórios para entrar em cena! Bianca chegou bem no meio do ensaio, mas fazendo a maior bagunça. Então pedi que ela fizesse silêncio, se concentrasse para entrar em sua última cena, já que havia sido substituída nas cenas anteriores. O ensaio foi um sucesso! Quando acabou, as crianças comemoraram. Estavam mais confiantes! Mas como ainda faltava muito tempo para a apresentação, conseguimos realizar ensaios de cenas isoladas, que precisavam de algum ajuste. Depois, dei um intervalo para as crianças beberem água e irem ao banheiro. Logo após, novamente formei uma roda com as crianças, desejei boa sorte e disse:

– Vamos fazer como no ensaio, certo?

Foram duas apresentações lindas! As crianças estavam soltas, mas concentradas. Improvisaram e criaram coisas novas durante o espetáculo. Elas me surpreenderam e o espetáculo foi um sucesso!

Encontro XVII
13.12.2008

Nesse dia, me reuni com os pais das crianças. A maioria compareceu e cada um deles tinha direito a quinze minutos para conversar comigo sobre o desenvolvimento do filho. Era importante informá-los tanto sobre como se deu a montagem da peça quanto sobre a participação das crianças no processo. Discuti ainda alguns tópicos que havíamos avaliado individualmente durante o semestre, como: o desafio dado à criança a partir da personagem; as relações interpessoais; o autoconhecimento; a expressão pessoal (atitudes e sentimentos); as inteligências; quais perguntas interessantes foram feitas por elas durante o semestre; as descobertas; e outras observações. Por sua vez, os pais relataram que estavam satisfeitos com o método da escola, com o resultado do espetáculo e com o desenvolvimento de seus filhos. Não houve nenhuma reclamação. Mas como muitas crianças desse grupo estavam com doze e treze anos, os pais também trouxeram muitas dúvidas em relação ao momento de passar os filhos para o curso profissionalizante. Tirei algumas delas, porém, como havia algumas que não sabia responder, pedi que entrassem em contato com a escola, pois o pessoal as esclareceria com mais segurança. Pela minha experiência em reuniões de pais, acreditava ser muito importante para eles ter contato com o professor, para saber o que aconteceu, como foi o processo da turma e para conhecer a participação de seu filho no grupo. Assim, além de podermos mostrar nossa responsabilidade, transmitindo credibilidade e seriedade com o trabalho e com as crianças, os pais também sairiam do campo da fantasia e da imaginação e ficariam sabendo o que realmente acontecia nas aulas.

Reflexão Sobre o Processo

A palavra teatro vem do verbo *theastar*, que significa ver, olhar ou contemplar. Nasceu para que o homem pudesse representar seus sentimentos e emoções, além de revelar e recriar a vida. O teatro é uma forma de expressão, de tocar, de fazer refletir, de provocar sentimentos e ações, de afetar seja quem está assistindo (espectador), seja quem está fazendo (ator). Logo, o teatro desperta a criatividade, a imaginação, a concentração, a espontaneidade, a cooperação e a generosidade, enquanto desenvolve a comunicação, a expressão, a autoconfiança e o autoconhecimento.

Nesse sentido, o método da Escola Macunaíma para trabalhar o teatro com as crianças está baseado em três pontos pedagógicos importantes: a autonomia, a autoria e a cooperação. Até o semestre anterior a esse, as crianças criavam toda a história, as personagens, o cenário, o figurino e a trilha sonora. Nesse semestre, porém, surgiram algumas mudanças: as crianças continuariam a criar as personagens, a trilha sonora, o figurino e o cenário, mas haveria uma história de um texto, de uma música ou de uma poesia como base para a criação do espetáculo, de acordo com o tema que elas escolhessem. Assim, também poderíamos trabalhar a busca por teatralidade e por novas linguagens.

A partir desses aspectos, o projeto *O Show Tem Que Continuar!* surgiu do desejo dos alunos em discutir a história do cinema, tendo como superobjetivo do espetáculo evidenciar a função do cinema na vida das pessoas, como forma de reflexão e busca de conhecimentos, de diversão e como meio de interação com a família e amigos. Esse texto, na verdade, é um roteiro escrito por Roberto Gómez Bolaños.

Acho importante salientar que esse roteiro serviu como base e inspiração para a criação do espetáculo. Ele não foi montado na íntegra. As crianças construíram cenas que não existiam na história nem nos filmes mencionados pelo zelador. Fizemos uma escolha que tinha sentido para as crianças e, ao mesmo tempo, para a história do cinema.

Para a construção do espetáculo e, em consequência, para o desenvolvimento artístico e pessoal das crianças, os encontros foram marcados: por muitos jogos teatrais, que possibilitaram a criação, o aquecimento corporal e vocal, a alegria, o entusiasmo, a integração do grupo, a prontidão, a atenção e a concentração; por pesquisas; por sessões de cinema (momentos em que assistíamos a trechos de filmes); por muitas improvisações de cenas; por passadões; e por conversas em roda para tomada de decisões e direcionamento do foco de construção (momento de escrever a sinopse, desenhar, criar e discutir o figurino e cenário).

Alguns encontros foram dedicados às novas linguagens. Conseguimos parceiros para dar uma aula e auxiliar as crianças na montagem de uma coreografia de Kung Fu, que foi utilizada em uma das cenas. Outro parceiro foi um ex-aluno do Macunaíma que é músico e pôde nos ajudar com seu violão fazendo o acompanhamento das músicas que as crianças cantaram.

Durante os ensaios, pude perceber que os alunos apresentavam algumas dificuldades. Eles criavam cenas curtíssimas, os diálogos não se desenvolviam, tinham dificuldade em se colocar na situação ou para se movimentar no palco, entre outras coisas. Muitos desafios de interpretação também foram colocados e trabalhados pelas crianças: superobjetivo, circunstâncias dadas, conflito, acontecimentos, verdade cênica, "ser mágico", relação com espaço de encenação, expressão corporal e vocal, ritmo e preocupação com o entendimento da história pela plateia. Esses assuntos foram abordados por meio de muitos questionamentos feitos a eles, o que possibilitou reflexão e, com isso, transformação.

Houve alguns momentos críticos, especialmente quando se aproximava o dia das apresentações. Uma semana antes foram entregues a eles os acessórios que utilizariam em cena. Como eles interpretariam muitas personagens, havia a necessidade de fazer muitas trocas de acessórios. Nesse dia, percebi que a ansiedade havia tomado conta deles. Devido à proximidade do espetáculo, eles ficaram agitadíssimos, desconcentrados e, por isso, se esqueciam das falas ou se confundiam com a ordem de entrada e de saída das cenas. Foi uma confusão. Em roda, conversamos sobre o ocorrido. Na semana seguinte, um dia antes da apresentação, houve um ensaio geral no teatro, com cenário, iluminação, trilha sonora e figurino, enfim, com tudo o que tinham direito. Antes de iniciar o ensaio, ainda coordenei aquecimento e exercício para desenvolver a concentração. Em seguida, fizemos o ensaio que resultou em outra confusão! Muita bagunça na coxia, desconcentração total. Como não foi possível fazer o passadão, a frustração se generalizou! Mais uma vez, em roda, conversamos sobre o que aconteceu. Os olhinhos da criançada se encheram de lágrimas, ansiedade, tristeza e medo. O que seria no dia seguinte? No entanto, ressaltei que eu acreditava neles mais do que todos, porque estava com eles há três semestres e os acompanhava durante o semestre inteiro. Disse ainda, como forma de despertar mais confiança em cada um, que o espetáculo era deles, que tinha sido criado por eles. Assim, mais do que ninguém, eles tinham a propriedade do que estavam fazendo. A única coisa que atrapalhava o ensaio era a falta de concentração na coxia e em cena. Prometi que eu faria um roteiro para todos acompanharem na coxia. As crianças falaram que, para elas, a peça era especial, porque era mais complicada de fazer, tinha muitas coisas novas que elas nunca tinham feito antes, mas que estavam com medo. Eu disse que não precisavam ter medo, pois bastava acreditar nelas mesmas e no que tinham feito durante o semestre. Tal fato me fez refletir um pouco sobre ésse medo, essa insegurança. Como os alunos dessa turma estavam na escola há dois semestres ou mais, o que fazia com que se sentissem assim?

A fala delas, "essa peça é especial e mais complicada de fazer, pois tem muitas coisas novas", me fez pensar: o que mudou? E aí retomo o que foi dito no início desse texto, a respeito das mudanças na metodologia da escola. O fato de ter um texto em que elas iriam se basear, e que implicava numa busca por teatralidade e por novas linguagens, fez com que se sentissem inseguras devido ao medo do desconhecido. No entanto, como nosso curso desenvolve nas crianças a aptidão para enfrentar obstáculos e encontrar soluções para os problemas, não podia ser diferente no dia da apresentação, quando a maioria chegou cedo para um ensaio final, com exceção de uma aluna. Embora o grupo tenha ficado ansioso, encontramos a solução para a ausência da aluna: substituições feitas por outras meninas. Começamos o ensaio, todos mantiveram a concentração e a aluna que estava faltando chegou. Quando acabou, as crianças comemoraram, já que estavam mais confiantes. Enfim, a apresentação foi um sucesso! A tensão e o medo foram transformados em autoconfiança, coragem, diversão e cooperação.

Depois, assistindo ao espetáculo, a cada entrada e saída dos alunos, senti uma alegria imensa em ver seus olhinhos, que antes estavam cheios de lágrimas, brilharem de alegria. Foi gratificante ver o resultado de um processo de construção e o desenvolvimento de cada um deles. Finalizando o semestre, realizei uma reunião com os pais para explicar como foi o processo de montagem da peça e a participação de seus filhos. Os pais relataram estar satisfeitos com o método da escola, com o resultado do espetáculo e com o desenvolvimento de seus filhos. Entre outras colocações, alguns disseram que tinham percebido esse desenvolvimento nas relações do cotidiano, ao verem, por exemplo, a criança mais sociável e menos tímida, ou ajudando o irmãozinho mais novo, o que não fazia antes. Outros ficaram surpresos ao descobrir as potencialidades que o filho desenvolveu. Diante de tudo o que foi relatado, espero ter deixado uma contribuição sobre uma forma de pensar o teatro para crianças. E que não pare por aqui, pois:

O show tem que continuar!

3.
Aventuras no Olimpo

Lívia Figueira

Encontro I
O Início de Tudo...

Já no primeiro encontro (que ocorreu em 06.09.2008), houve uma proposta da escola para que eu dividisse a turma com a professora Ariane. Assim, ela não ficaria tão sobrecarregada e poderíamos realizar um trabalho com mais qualidade e maior individualidade com cada aluno. Então, optamos por dividir a criançada em alunos novos e alunos antigos da escola. Foi uma boa escolha. Percebi que as crianças aceitaram bem a divisão. Apenas Luciano ficou insatisfeito, por ser o único menino da turma que ficou comigo, mas, ao longo da aula, ele se integrou com as meninas e não pareceu mais estar tão preocupado com isso. A primeira atividade que realizamos foi um jogo com bola e nomes, que teve algumas variações:

- Falar o próprio nome e passar a bola para alguém;
- Falar o próprio nome, indicar algo que gostasse de comer e passar a bola para alguém;
- Falar o próprio nome, contar alguma história preferida e passar a bola para alguém;
- Tentar lembrar o nome de todos e, pelo menos, uma das características que tinham aparecido anteriormente (comida ou história).

As crianças se envolveram na brincadeira, tentaram lembrar o nome e as características de todos de maneira divertida. Histórias interessantes e bem variadas apareceram, mas não deu para definir uma característica comum da turma apenas com esse jogo. Logo após, propus outro jogo como aquecimento. Era um pega-pega em que se saltava sobre as pernas dos colegas. O jogo funcionava assim: um pegador e um fugitivo teriam que ficar de pé, enquanto os outros jogadores deveriam permanecer sentados no chão, mas com as pernas estendidas. Para o fugitivo se salvar do pegador, ele deveria saltar por cima da perna de um dos jogadores que estava sentado e ainda tomar seu lugar. Esse, por sua vez, se tornava o pegador e o outro, cuja função anterior era essa, se tornava fugitivo. As crianças se divertiram muito. Então, quando o primeiro pega-pega acabou, propus um novo jogo, o "Pega-Pega Ameba", para continuar o aquecimento. As crianças costumavam gostar muito dessa atividade, na qual havia apenas um pegador para todos os outros jogadores. Logo, quem fosse pego deveria se sentar e só se salvaria se tocasse o pé de alguém. Quando isso acontecesse, a pessoa tocada iria para o lugar de quem a pegou, mas também poderia se salvar da mesma maneira. Ao longo do jogo, ainda indiquei vários pegadores. Foi como o esperado: divertido e dinâmico. As crianças adoraram e foram se integrando aos poucos. Chegada a hora do intervalo, depois de estabelecermos algumas regras, como não descer sem a minha autorização, os alunos foram até a lanchonete para fazer o lanche.

De volta à sala, começamos a discutir o projeto que desenvoveríamos. Como tinha entrado quando as aulas já haviam começado, achei melhor falar nesse assunto logo no primeiro dia. Perguntei primeiro sobre o que eles gostariam de falar e quais mensagens gostariam de passar. As respostas foram as mais variadas:

> LUCAS: Sobre o que vem acontecendo no mundo, os riscos que as pessoas correm.
> LÚCIA: Sobre o valor da amizade.
> MIRIAM: Sobre valorizar alguma coisa.

NATÁLIA: Sobre o desmatamento.
MIRTES: Gostaria que tivesse interação com o público.
JULIANA: Subir e descer do palco.

Perguntei ainda se já havia alguma história ou alguma ideia sobre o que montar. Sugestões foram dadas com empolgação:

JULIANA: Shakespeare com comédia!

Então perguntei o que conheciam de Shakespeare e eles responderam *Romeu e Julieta*.

MIRIAM E LUCIANO: Mistura de histórias (na qual várias personagens conviveriam com outras que não teriam nada a ver com a narrativa escolhida).
TÂNIA: Deu a louca na Chapeuzinho.
MIRTES: Deuses gregos e romanos.
JULIANA: Mistura de histórias de Shakespeare.
LUCIANO: *Ilíada* e *Odisseia*, Guerra de Troia, Hércules.
MIRIAM: Menino e menina que entram num livro.

Depois dessas sugestões, percebi que o grupo todo comentava a possibilidade de montar alguma coisa relacionada à Guerra de Troia ou sobre a mitologia grega: uma ideia, talvez, fosse falar sobre a *Odisseia*, junto aos deuses gregos. Mas eles também tinham gostado da proposta de juntar várias histórias, então começaram a dar diversas sugestões de livros infantis. Ainda nessa discussão, perguntei sobre o que aprenderiam ou que mensagens passariam se montassem a *Odisseia* ou algo sobre a Guerra de Troia. As respostas, novamente, foram bem variadas e criativas:

- Conhecer a história da Guerra de Troia.
- Conhecer algo sobre o amor.
- Que não é bom fazer guerras.

- Falar sobre coragem, amor, amizade.
- Que não é bom fazer maldade, mesmo quando você não gosta da pessoa.

Questionei também sobre o que aprenderiam ou que mensagens passariam se montassem um espetáculo com a união de várias histórias:

- Mostrar a importância de ler.
- Conhecer novas histórias.

Finalizamos a discussão e eu dei início a uma nova atividade para que eles se exercitassem e brincassem com a improvisação. A proposta era de que passássemos uma tarde no museu. Os alunos teriam que se dividir em duplas e, enquanto um deles seria a escultura, o outro seria o escultor. Depois que os escultores "moldassem" seus colegas, eles tinham que imaginar que estavam em um museu e, passeando pelo lugar, deveriam analisar o significado de cada escultura. Os alunos passaram pelos dois papéis: escultor e escultura. Foi nítido que se divertiam e exercitavam a criatividade durante a atividade, enquanto se envolviam na brincadeira com toda a verdade de quem realmente estava vivendo aquela situação.

A atividade seguinte foi a da fotografia. Os alunos dividiram-se em dois grupos e cada um deles teve trinta segundos para montar a foto de um casamento e a de um batizado. No final, ainda tiveram que dar vida a essas fotos, a partir de uma cena, que deveria terminar com o retrato montado anteriormente. Eles se mostraram muito envolvidos com a atividade.

Então, optei por fazermos uma discussão sobre as cenas assistidas, já pensando no tema sugerido pela escola para a Mostra do semestre, que seria o da teatralidade. Perguntei o que tinham percebido nas cenas e a resposta foi que havia pouca gente no batizado. Novamente perguntei se era possível e como poderiam fazer para que o público visse mais gente na comemoração. Três respostas foram dadas:

- Os atores podiam trocar de personagens.
- Poderíamos colocar bonecos.
- É possível ver alguém que, na verdade, não está na sua frente.

Tentei levá-los a perceber que o público poderia ver mais gente mesmo, se não houvesse nada lá. Caímos na discussão sobre a diferença entre o teatro e a novela, e as crianças fizeram muitos comentários sobre o assunto:

- No teatro não é preciso chorar de verdade.
- Na novela há casas de verdade, no teatro os atores fazem o cenário.
- Na novela corrigem a fala regravando.
- Teatro é ao vivo.
- No teatro é possível trocar o cenário ou fazer dois lugares ao mesmo tempo no palco.

Essa discussão foi importante para que eu percebesse qual a ideia de teatro que as crianças tinham e o que eu precisaria fazer para que elas entendessem a relação entre o real e o imaginário. Finalizamos a aula com uma cantiga de roda e a seleção de uma palavra que resumisse o dia.

Encontro II
13.09.2008

Ao chegarmos à sala, pedi para as crianças tirarem os sapatos e, então, fizemos uma roda para iniciarmos os trabalhos do dia. Como duas alunas tinham faltado na aula anterior, nos apresentamos. Em seguida, mostrei o diário de bordo, um caderno que deveria ir para a casa do aluno no final de cada aula, para que ele registrasse comentários, sensações e observações sobre o dia. Expliquei que todos teriam total liberdade de se expressar da forma que quisessem no diário, desde que respeitassem a integridade do mesmo e não interferissem no que os colegas já tinham feito. Portanto, poderiam criar capas, fazer desenhos e colagens. No entanto, havia uma regra: apenas eles poderiam escrever ou desenhar no diário. Dessa forma, pais e amigos também não deveriam interferir no que eles fizessem. As crianças entenderam. Depois da explicação, relembramos o que fizemos na aula anterior para atualizar as meninas que haviam faltado. Em seguida, propus o jogo "Gato e Rato", no qual dois alunos seriam selecionados: um para fazer o papel de gato e o outro para fazer o papel de rato. Todos os demais formariam uma roda para que o rato ficasse dentro dela e o gato do lado de fora. No jogo, o objetivo do gato seria pegar o rato. Mas, para que isso ocorresse, as "portas" da toca do rato deveriam ser abertas e isso aconteceria quando, por vontade própria, os alunos soltassem as mãos uns dos outros, abrindo um espaço para a passagem do gato ou do rato. Assim, nem o gato nem o rato poderiam ultrapassar a roda sem que uma passagem fosse aberta. No entanto, se o gato pegasse o rato, os papéis se inverteriam. A mim cabia somente a função de administrar o tempo de cada dupla e selecionar outras para atuarem como gato e rato. Na sequência, ainda propus, às crianças que faziam parte da roda, que ficassem de olhos fechados, abrindo e fechando a passagem apenas intuitivamente. Elas se envolveram e se divertiram muito durante o jogo, sempre dificultando o acesso do gato ao rato, devido à liberdade para escolher o momento em que queriam abrir e fechar a passagem. Ao mesmo tempo, exercitaram a autonomia e a possibilidade de julgamento, ao decidirem se facilitariam a passagem ou não do gato e do rato. Além disso, também puderam vivenciar a elaboração de estratégias de jogo, por terem que pegar ou fugir do companheiro. Já, durante a atividade com os olhos fechados, curiosas, as crianças olhavam muitas vezes, disfarçadamente, o que estava acontecendo, mas tiveram dificuldade em abrir ou fechar a passagem de acordo com a intuição.

Prosseguindo, sugeri um novo jogo, o do "Números Com Palmas". Em roda, cada criança iria corresponder a um número em sequência crescente, a partir de mim, que seria a número um. Em um compasso de quatro tempos, elas, que estariam sentadas com as pernas cruzadas, bateriam nas coxas, palmas, estalariam os dedos da mão direita e os da mão esquerda seguindo uma sequência. O primeiro jogador, ao estalar os dedos da mão direita, deveria falar o seu número e, ao estalar os dedos da mão esquerda, deveria chamar outro número qualquer da roda. O jogador correspondente ao número chamado pelo jogador anterior deveria falar o seu quando estalasse os dedos da mão direita e qualquer outro ao estalar os dedos da mão esquerda e, assim, sucessivamente. Grande parte das crianças sentiu dificuldade de realizar os movimentos rítmicos e mais dificuldade ainda em realizar os movimentos falando os números simultaneamente. Apesar disso, todas entenderam com facilidade a dinâmica do jogo e executaram os movimentos de acordo com suas próprias limitações. No início ficaram um pouco tímidas por não conseguirem realizar a atividade, mas logo se envolveram e compreenderam que o ritmo seria adquirido mediante a prática.

Em seguida, propus outro jogo de número. Dessa vez todos caminham pela sala e cada aluno deve falar um número. Se dois alunos falarem o mesmo número, o jogo recomeça. O fim do jogo acontecia quando cada aluno dissesse um número sem coincidir com nenhum outro. no qual deveriam falar a sequência crescente dos mesmos, uma de cada vez, sem que duas ou mais pessoas falassem ao mesmo tempo. Se isso ocorresse, o jogo recomeçaria até que atingissem a meta estabelecida. No começo, as crianças queriam competir e acabavam falando ao mesmo tempo. Mas, aos poucos, foram entendendo que o jogo não era de competição, mas sim de cooperação e percepção do outro. A meta era chegar ao número cinco. Conseguiram com certa dificuldade e se entusiasmaram muito. Então, comentei com elas a importância da cooperação no teatro.

Depois de tantas brincadeiras, fomos para o intervalo. Eles já haviam entendido a regra de me esperarem para descer e a cumpriram sem problemas. Assim que voltamos, ficamos novamente em roda para discutirmos sobre o projeto. Levei A Odisseia, livros sobre mitologia grega e As Mil e Uma Noites. Primeiro contei sucintamente o mito da origem da Guerra de Troia e da Odisseia. Houve grande interesse por parte da turma, mesmo tendo apenas um menino nela. As meninas se interessaram principalmente pelos deuses gregos e Lucas pelo fato de a história ter aventura e guerra. Logo após, mostrei As Mil e Uma Noites e contei brevemente a história para eles. Também houve grande interesse, principalmente por parte das meninas. Comentei sobre as diversas possibilidades de linguagens que podiam ser utilizadas nas duas montagens. Porém, como eles não conseguiram optar, dividi a sala em dois grupos e propus que fizessem duas improvisações:

A Odisseia: Ulisses pretendia voltar para casa, mas os deuses gregos tentavam impedi-lo. Somente a deusa Atena ansiava por auxiliá-lo.

Como só havia um menino na turma, o grupo que tinha só garotas apenas fez a ação dos deuses. Mas elas tiveram muita dificuldade em realizar a improvisação. Além de não terem compreendido a história, tiveram problemas em escolher e interpretar os deuses. Portanto, para a execução de uma história como essa, as crianças teriam que fazer uma pesquisa sobre os deuses. Mas, em paralelo, eu também deveria trabalhar improvisações e criações em sala, através de estímulos sobre a natureza e as ações desses seres imortais. No entanto, também percebi que haveria a dificuldade em elaborar uma peça como essa com apenas um menino na turma.

As Mil e Uma Noites: Sherazade contaria uma história para o rei. Como as crianças poderiam escolher a história e a maneira que quisessem para contá-la, desde que todas participassem, foram escolhidas Chapeuzinho Vermelho e Cinderela. O primeiro grupo representou Chapeuzinho Vermelho, mas expôs muito pouco de Sherazade contando a história para o rei. Já o segundo grupo, que improvisou *Cinderela*, desenvolveu melhor a proposta de *As Mil e Uma Noites*. Enquanto mostravam Sherazade contando a história para o rei, ao mesmo tempo representavam o que ela contava.

Só que, entre as duas histórias, a turma preferiu *A Odisseia*, com as seguintes justificativas:

- Havia mais aventura.
- Gostavam dos deuses e da história.
- Queriam aprender sobre a história da guerra e dos deuses gregos.
- Queriam mostrar que não se deveria fazer guerra.

Optamos, então, por trabalhar *A Odisseia*. Em seguida, finalizamos a aula com a música do Merequetê e com a palavra do dia: diversão.

Encontro III
20.09.2008

As crianças estavam atrasadas e, para esperar que um maior número chegasse, realizei, com as que estavam presentes, o jogo dos números com palmas, no qual ainda apresentaram um pouco de dificuldade na execução dos movimentos rítmicos. Porém, pareciam menos apreensivas e se envolveram mais do que na vez anterior. Em seguida, quando mais crianças já estavam na sala, fiz a chamada, lemos o registro da aula anterior e propus um novo jogo: "Nunca Três". Nesse jogo, as crianças, em duplas, deveriam se espalhar pelo espaço, sentadas no chão, com um integrante à frente do outro, simulando um trenzinho. Apenas uma dupla deveria ficar em pé, determinando quem seria o pegador e o fugitivo. O pegador tinha que tentar pegar o fugitivo, que ainda teria a chance de se salvar, caso conseguisse se sentar atrás de um dos outros trenzinhos formados. Se isso acontecesse, o integrante que estivesse na frente do trenzinho em que se sentou o fugitivo se levantaria e assumiria o lugar do pegador que, por sua vez, passava a ser o fugitivo. As crianças se envolveram na brincadeira e gostaram muito. Logo o jogo permaneceu fluente e agitado por um longo período. Algumas vezes, as crianças se confundiam com as regras, principalmente no momento de distinguir o fugitivo e o pegador. Mas sempre insistiam para que o fugitivo sentasse atrás de seu trem, porque, assim, poderiam entrar no jogo como pegadores. Georgia, a aluna mais nova da turma, adorou a brincadeira e participou muito.

Depois desse jogo foi proposto um outro, "Batatinha Frita 1, 2, 3", que, normalmente, faz muito sucesso com as crianças. Nele, uma criança devia ficar em uma extremidade da sala de costas para o resto do grupo, que teria que se posicionar enfileirado na outra extremidade. O objetivo dos jogadores seria o de alcançar, antes dos outros colegas, a criança que estava sozinha na extremidade oposta da sala. Porém, eles só poderiam se locomover em direção ao objetivo enquanto a criança que estava sozinha estivesse dizendo a frase "batatinha frita 1, 2, 3". No final da frase, essa criança deveria se virar em direção ao grupo que, por sua vez, teria que interromper os movimentos imediatamente. Em seguida, a criança comandante observaria seus colegas e mandaria de volta para o ponto inicial os que tinham se movido (no entanto, eles poderiam continuar jogando, a partir desse ponto). Dessa forma, quando algum jogador alcançasse a criança comandante, ele tomaria seu lugar e o jogo recomeçaria. As crianças adoraram a atividade. Entenderam as regras, mas, ansiosas, começavam a correr antes do início da frase. Depois de um tempo, elas assimilaram essa parte do jogo e se divertiram muito mais. Logo após, jogamos "Barra Manteiga", brincadeira tradicional que sempre ocorre nas escolas. Para tanto, as crianças foram divididas em dois grupos, cada um posicionado em uma extremidade da sala. Prosseguindo, um jogador de um dos grupos devia ir até o outro para cantar a seguinte música e tocar a mão de cada adversário:

"Barra manteiga,

Na fuça da nega,

1, 2, 3!"

O aluno que fosse tocado no número três tinha que correr atrás do jogador que tinha cantado a música para pegá-lo. Se o jogador fosse alcançado, passaria para o time do pegador que, por sua vez, recomeçaria o jogo, cantando a música para o time adversário. O jogo foi proposto pelos próprios alunos, mas como o espaço da sala era pequeno, os pegadores não conseguiam pegar os fugitivos. Mesmo assim, as crianças se divertiram. Georgia gostou muito da brincadeira e, por ser pequena e ágil, também se tornou foco de atenção.

Ainda no primeiro bloco de aula, propus mais um jogo: "Carimbo Ameba", no qual as crianças deveriam ficar espalhadas pela sala, enquanto uma delas lançaria uma bola em direção ao colega com o objetivo de "queimá-lo". Se isso acontecesse, o atingido deveria se sentar no chão, de onde só se levantaria se pegasse a bola ou encostasse a mão no pé de quem não estivesse sentado. Então a criança tocada se sentaria no lugar do colega e, assim, sucessivamente. Qualquer uma poderia pegar a bola e tentar queimar algum colega. O jogo, que durou bastante tempo, deixou as crianças agitadas, mas elas se divertiram e, embora estivessem ansiosas para pegar a bola, souberam se distribuir no espaço. Com muita animação, fechamos o primeiro bloco e fomos para o intervalo.

Na volta, fizemos outra roda, na qual retomamos a discussão sobre o projeto do semestre. Durante a conversa, comentei sobre a quantidade de personagens masculinas que *A Odisseia* exigiria e a dificuldade que teríamos em montar o texto. Sugeri que montássemos um conjunto de histórias gregas, que também teriam deuses, aventura e magia, como eles desejavam, porém com mais personagens femininas. Nesse dia, o único menino da turma faltou e as meninas concordaram com a mudança. Então, abri uma discussão sobre os deuses gregos. Perguntei às crianças como achavam que eram as características desses deuses e o que eles faziam, e as respostas foram imediatas e bem criativas:

- Grandes;
- Poderosos;
- Inteligentes;
- Bonitos;
- Com corpo de gente;
- A voz sairia como um eco;
- A voz seria grossa;
- Deus do vento soprava e Zeus jogava raio (disse Juliana);
- Tinham poderes para ganhar todas as guerras;
- Havia a deusa da guerra (ressaltou Tânia);
- A deusa da natureza poderia impedir que houvesse alimento para os guerreiros (sugeriu Natália); e,
- Hera entrava no pensamento das pessoas.

Perguntei, então, o que eles achavam que poderia haver de comum entre os deuses. Natália disse que eles interferiam na natureza. Perguntei como nós poderíamos fazer os efeitos da natureza no teatro. Considerando que a proposta do semestre era trabalhar com a teatralidade, fiquei muito satisfeita com as respostas:

- Sons;
- Cores;
- Tecidos (eu havia sugerido esse item e eles concordaram);
- Já vi tecido como água (lembrou Tânia);
- Poderíamos formar imagens com o corpo (disse Fabiana); e,
- Há teatro de sombras (recordou-se Tati).

Em seguida, queria saber mais uma vez qual seria o superobjetivo da peça. O superobjetivo mais citado foi "saber mais sobre a cultura grega". Depois veio "aprender que não se deve chantagear" (em referência à história da disputa entre as deusas gregas pelo prêmio de mais bela). Por fim, perguntei novamente o que aprenderiam com o projeto:

- Novas histórias;
- A cultura grega;
- Sobre o teatro;
- Novas linguagens.

Durante a conversa, fiquei muito satisfeita com as respostas e com o envolvimento das crianças. Com base no que tinha ouvido, optei por duas linguagens que seriam utilizadas no projeto: a utilização de expressão corporal e a manipulação de objetos na composição das cenas. Em seguida, a partir do que discutimos, propus uma nova atividade: uma caminhada no espaço. No início, pedi para que as crianças ocupassem todo o lugar, tentando não deixar vazios na sala. Em alguns momentos, sugeri que parassem onde estivessem e observassem se estavam atingindo o objetivo. Em seguida, pedi que mostrassem individualmente com o corpo alguns elementos da natureza. Ao longo do exercício, ainda sugeri que formassem grupos que deveriam expressar os seguintes elementos: vento, chuva, tempestade, fogo, gelo, água, água fervendo, vapor, cachoeira e mar. Os grupos formaram imagens bonitas para o elemento fogo, cachoeira e mar. Logo, como gostaram da atividade, também aceitaram a proposta de introduzir a linguagem na peça. Então, dei continuidade à proposta, com outra atividade de improvisação. Dividi a sala em dois grupos e pedi para que criassem uma história utilizando os tecidos, já que havia um para cada grupo. Depois que os dois grupos se apresentaram, conversamos sobre as cenas e as crianças disseram o que haviam entendido de cada uma. Em seguida, sugeri que se reunissem novamente e tentassem mudar alguma coisa que achassem que fosse necessário:

- GRUPO 1. Na primeira apresentação, contaram a história da disputa entre o vento do norte e o sol. Ambos queriam saber quem conseguiria tirar o casaco de mais pessoas. O sol ganhou por deixá-las com calor. Na história, o tecido foi utilizado como casaco. A cena ficou organizada e relativamente clara. Foi possível notar a timidez da maioria das crianças, mas elas aparentemente se divertiram. Já na segunda apresentação, elas deixaram claro o diálogo entre o sol e o vento. Narraram a história no início e acentuaram a demonstração de calor. No final, voltamos a conversar sobre as cenas e perguntei se seria necessário explicar tudo para o público entender a história. Chegaram à conclusão de que não, mas gostaram de fazer a cena.

- GRUPO 2. Na primeira apresentação, montaram a história do roubo de um bebê. A mãe da criança corria atrás da ladra e acabava se afogando. Não entendi a história. Além disso, houve grande participação de algumas crianças e quase nenhuma de outras. O tecido foi utilizado como água, mas isso também não ficou claro. Na segunda apresentação, o conflito e os diálogos ficaram um pouco mais nítidos, porém, mesmo assim, tivemos dificuldade em entender a história.

Depois, finalizamos a aula com a música "Rá á ta ta" e a palavra do dia.

Encontro IV

27.09.2008

Chegamos, tiramos os sapatos e, já na roda, fiz a chamada. Mirtes, a aluna que levou o diário de bordo para casa, se esqueceu de trazê-lo à escola nesse dia. Juntos, relembramos a aula anterior, comentamos sobre as mudanças e fizemos combinados para o início do processo de montagem, que incluíam, por exemplo, tentar não atrasar, tentar não faltar, lembrar que o teatro era feito em grupo e se divertir durante as aulas e cenas. Em seguida, contei brevemente as histórias da mitologia grega que tinha escolhido para o projeto. Todos gostaram da seleção. Estavam muito ansiosos tanto com a distribuição de personagens quanto para o início do ensaio. As três histórias escolhidas levavam em consideração o número de personagens, a possibilidade de adaptação e criação de novas personagens, a quantidade de personagens femininas e a possibilidade de transformar personagens masculinas em femininas:

O mito do início da guerra de Troia: A deusa da discórdia não foi convidada para a festa dos deuses e, para se vingar, ofereceu um pomo de ouro "à mais bela" das deusas. Hera, Atena e Afrodite, que disputavam o prêmio, tentaram subornar Páris, o mortal escolhido como juiz, com diferentes ofertas. Mas ele acabou dando o pomo a Afrodite, que lhe tinha oferecido Helena, a mulher mortal mais bonita que existia. No entanto, como ela era casada com Menelau, ao fugir com Páris, gerou o início da Guerra de Troia.

O mito de Perseu e Medusa: Perseu tinha a missão de levar para o Rei a cabeça da Medusa. Para alcançar esse objetivo, ele contava com a ajuda de deuses e de outros seres que elaboram estratégias para o herói não virar pedra, ao olhar para a Górgona, que tinha cobras na cabeça.

O mito de Eros e Psiquê: Eles viviam uma história de amor até o momento em que Psiquê desobedeceu a Eros. Então, para reconquistar seu amor, ela teria que realizar três tarefas impostas por Afrodite.

Em seguida, para aquecer a turma, propus o jogo "Batatinha Frita 1, 2, 3", que eles já conheciam e gostavam. Como da outra vez, as crianças, ansiosas, começavam a correr antes do início da frase, desrespeitando a regra. Depois de um tempo, se entenderam. A seguir, fomos para o intervalo.

Na volta, pensando em manter o interesse dos alunos durante o processo e em evitar que a visão de um aluno mais apto que o outro fosse criada logo de cara, dividi as personagens de forma que todas as crianças tivessem dois papéis, que exigiriam uma frequência parecida de presença em cena. Assim, enquanto algumas personagens tiveram que ser dobradas para que duas crianças pudessem fazer a mesma personagem, outras ainda foram criadas. As crianças ficaram satisfeitas com a divisão. Então, ainda combinamos que tudo isso poderia ser adaptado e que novas personagens também poderiam ser criadas ao longo do processo. Em seguida, propus que fizessem improvisações, já baseadas nos contos escolhidos. Contei novamente como era a primeira história e dei um tempo para que os alunos combinassem as cenas. A proposta era que todos participassem de todos os contos, como personagens ou coro.

No início da discussão sobre a cena, o grupo teve um pouco de dificuldade para se organizar. Luciano tentou colocar ordem na roda, mas não conseguiu. Percebendo a desorganização, coloquei uma bola na roda e propus que só poderia falar quem estivesse com ela na mão. O próprio grupo organizou a ordem das pessoas que falariam e todos ouviram com paciência o que cada colega queria expor. Em consequência, muitas ideias surgiram durante a conversa. Depois de um tempo, propus que eles as colocassem em prática.

No começo, a cena ficou curta, contendo apenas os pontos mais marcantes da história. O conto foi repetido algumas vezes e eu fui estimulando tanto a criação do ambiente quanto a de novas ações. Eles criaram uma festa de casamento. Então, Nair criou um DJ e Luciano improvisou muitos diálogos. O coro, no início, não entendeu seu papel, mas depois de um tempo criou diferentes formas de compor a cena. As crianças se envolveram muito, estavam ansiosas, agitadas e alegres. Elas se divertiram com a cena, como numa brincadeira. Coloquei esses comentários para o grupo e finalizamos a aula, com a música do Merequetê e a palavra do dia: deusa da discórdia.

Encontro V
04.10.2008

Como sempre, chegamos à sala, tiramos os sapatos e fizemos a roda. Eles estavam aflitos porque, na aula anterior, eu tinha pedido que pensassem no figurino e levassem um desenho para a sala. Muitos tinham esquecido e ficaram preocupados. Depois que eu disse que não tinha problema, eles se acalmaram. Comentei que nós tiraríamos a foto para o programa, fato que também estava causando ansiedade, já que a escola havia ligado durante a semana para avisá-los. Expliquei qual era a finalidade da foto e como nos organizaríamos. Além disso, também disse que faríamos a sinopse da peça (expliquei o que era) e que deveríamos escolher um título para ela. Em decorrência, houve mais agitação. Mas, depois de novas explicações, eles se acalmaram um pouco. Em seguida, como Camila tinha esquecido o diário em casa, pedi que ela contasse, para os que haviam faltado na aula anterior, o que tínhamos feito. Logo após, distribui papel e lápis para que fizessem a atividade proposta. Muitos tiveram dificuldades, principalmente na elaboração das sinopses. Então, recolhi os trabalhos e descemos para o intervalo.

Aproveitei a hora do lanche para ler com calma o que eles haviam escrito. No retorno à sala, conversamos sobre os resultados. Depois de observamos os pontos positivos de todos os textos, decidimos que uniríamos as partes mais "legais" de cada um. O título, por unanimidade, ficou sendo *Aventuras no Olimpo*.

Logo após a conversa, propus uma caminhada no espaço, na qual, além de prestarem atenção na distribuição homogênea que deveria haver na sala, também teriam de responder aos meus comandos: se batesse uma palma, deveriam saltar no lugar; se fossem duas, deveriam colocar a mão no chão; três palmas, deveriam saltar e girar. Eles se divertiram muito, principalmente com a confusão que faziam para se lembrar dos comandos. Em seguida, iniciamos o ensaio do primeiro conto sobre a origem da guerra de Troia. Mudamos algumas coisas naquilo que já estava feito. Eles criaram novas falas e ações. Também conseguiram desfazer a desorganização inicial, deixando a cena mais limpa. Enquanto Luciano propunha muitas coisas boas, Tânia, que tinha se revelado uma excelente cantora, expressou seu desejo de cantar na peça. Embora ainda não tivéssemos decidido o que iríamos cantar, ela realmente tinha uma linda voz. De modo geral, apesar de algumas alunas estarem distraídas e outras inseguras, o ensaio foi produtivo e divertido. Terminamos a aula em roda, na qual fiz um elogio para a turma, e sugeri a palavra do dia: criar.

Encontro VI
11.10.2008

Começamos a aula em nossa costumeira roda e a leitura do diário de bordo. Conversamos um pouco sobre a peça e, então, perguntei qual era o superobjetivo do primeiro conto. Eles deram algumas respostas:

- Não devemos subornar os outros.
- Não faça com os outros o que não quer que façam com você.
- A deusa da discórdia tem inveja.

Perguntei qual seria o objetivo da deusa da discórdia, e Danila respondeu que era "causar a discórdia". Sobre o objetivo de Páris, Luciano disse que "ele queria levar vantagem, se dar bem, realizar seu desejo de conquistar a mulher mais bela do mundo". Por fim, as meninas que interpretariam as deusas corruptas falaram que o objetivo de suas personagens era o de se "tornarem o centro das atenções e receberem o título de a mais bela".

Questionei, então, o que eles entendiam sobre a função do coro naquela circunstância. Eles responderam que o coro deveria preencher a cena. Quando perguntei das linguagens que usariam, dessa vez, com mais clareza e compreensão, responderam que utilizariam a expressão corporal e a manipulação de objetos. Depois, propus o "Pega-Pega" americano como aquecimento, e eles, que adoravam correr, se divertiram muito. Em seguida, propus mais uma caminhada no espaço que também foi muito divertida. Aproveitei o exercício para introduzir o comando "congela", que mais tarde utilizaria durante a execução das cenas, porque eles se desconcentravam muito nos momentos em que eu parava para comentar alguma coisa. Portanto, esse comando os ajudaria a manter a concentração e a não se dispersarem. Ainda durante a caminhada no espaço, mantive a atenção deles na ocupação espacial. Dessa forma, eles deveriam andar pela sala distribuindo-se por todo o espaço, mas quando eu falasse "congela", deveriam observar à sua volta para perceber se estavam cumprindo o objetivo. Eles gostaram da atividade e se esforçaram para cumprir a tarefa. Depois, os dividi em dois grupos, tanto para que houvesse mais espaço para cada um quanto para aumentar o nível de dificuldade da tarefa. Assim, enquanto um grupo se mantinha sentado e observando, o outro realizava a tarefa. No início, eles tiveram certa dificuldade, mas logo se adaptaram e, mais tarde, aplicaram o comando durante as cenas. Contudo, ainda emendei outra atividade na caminhada. Pedi que eles expressassem, com o corpo, os elementos da natureza. Primeiro sugeri que fizessem a imagem individualmente e, depois, em grupo. Para o vento, eles fizeram uma roda e foram girando como se fosse um redemoinho, um tufão. Para a água, pedi também que fizessem sons diferentes e surgiram barulhos como "plin plin" (gota) e "chuááá". Propus, então, que fizessem a chuva e eles deram as mãos e, em roda, balançaram os braços, fazendo sons. Para o mar, eles se desorganizaram no início. Depois, também pedi para que utilizassem o tecido e, aos poucos, eles foram criando imagens interessantes. A maior dificuldade que tiveram nesse trabalho foi o posicionamento dentro do palco ligado à manipulação do objeto. Mas, durante a execução, eles acharam gradativamente as respostas.

Após a atividade, conversamos sobre o exercício. Tânia sugeriu que tivesse um barco passando. Perguntei se o barco precisaria ter necessariamente uma pessoa dentro ou se podia ser feito de outra forma. Eles concluíram que o público também entenderia se eles passassem um barquinho de madeira na frente do tecido. Como todas essas questões da teatralidade tinham sido muito discutidas em sala de aula, eu percebia nitidamente a compreensão das crianças em relação a isso, tanto pelas respostas que elas estavam dando durante as conversas quanto pelas ações, atitudes e criações em cena. Mas, antes de irmos para o intervalo, ainda relembramos a história do segundo conto: Perseu e Medusa.

Na volta, eles começaram a criar as cenas do novo conto. Propuseram um cenário, no qual tive que intervir algumas vezes, para que fosse distribuído adequadamente no espaço. No entanto, no momento de construção, perguntei como eles imaginavam que iriam ficar os objetos de cena, já que havíamos combinado que não haveria coxias e os alunos estariam no palco o tempo todo. De início, disseram que os objetos poderiam ficar no chão, em algum canto que ninguém os percebesse. Nesse momento, questionei se seria necessário escondê-los do público. Como alguns acharam que não, logo sugeriram que poderiam estar sobre uma mesa, fazendo parte do cenário ou pendurados na parede.

Começamos o ensaio e houve a criação de coisas boas. A história, apesar de ter ficado curta, um fato muito normal para a primeira vez, ficou bem estruturada. Terminamos a aula formando uma roda e a palavra do dia escolhida foi "concentração", já que tinha pedido para que a mantivessem enquanto estavam em cena ou quando congelavam para algum comentário. As crianças foram embora entusiasmadas.

Encontro VII
18.10.2008

Cheguei com uma cartolina enrolada e as crianças logo quiseram saber do que se tratava. Tinha feito um calendário gigante, para que nos organizássemos, para que eles conseguissem perceber o tempo que faltava e o que ainda tínhamos que fazer. Em seguida, estipulei um objetivo para cada aula, e isso também deixou a criançada bastante ansiosa. Mas, enquanto mostrava o calendário e explicava as datas, poucos alunos estavam na sala. O dia estava muito chuvoso e a grande maioria tinha se atrasado. Então, propus um jogo que eles ainda não tinham feito. Todos deveriam ficar encostados na parede, de costas para mim. Eu descreveria uma situação, uma circunstância, e bateria palmas. Nesse momento, todos teriam que se virar e, individualmente, representar com o corpo imóvel a circunstância.

Eles adoraram a atividade e se divertiram muito. Depois, jogamos um pouco de "Viúvo", que eles gostavam e viviam pedindo desde que ensinei.

Em seguida, fizemos uma roda, na qual contei novamente a terceira história que tínhamos escolhido fazer: Eros e Psiquê. Eles ouviram atentos. No final, levando em consideração que somente a voz de Eros aparecia na história, perguntei como poderíamos resolver esse problema, já que não queria que Eros fosse representado por alguém como vinha acontecendo com as outras personagens. Michelle sugeriu que o representássemos com uma sombra. Tati complementou a sugestão da colega, dizendo que poderíamos recortar um papelão na forma de um cúpido e colocar a voz de Luciano. Mirtes, por sua vez, sugeriu que colocássemos a própria sombra de Luciano para representar Eros. Então decidimos que utilizaríamos o teatro de sombras na terceira história.

Depois da discussão, perguntei quais eram as principais partes da história, mas os auxiliei durante a enumeração, para que relembrassem os acontecimentos. Para finalizar a roda antes do intervalo, ainda perguntei quem gostaria de ficar responsável pela trilha sonora. Mirtes e Fabiana se candidataram. Fabiana (que desenha muito bem), Tati, Nair e Tânia disseram que se encarregariam das sugestões do figurino. Em seguida, fomos para o intervalo. Na volta, dei um tempo para que combinassem a cena. Eles se desorganizaram, mas também tentaram estabelecer uma ordem ao longo do tempo. Por fim, conseguiram combinar algumas coisas. Depois, estabeleci duplas e trios, que deveriam entrar e colocar um elemento, referente ao conto, no cenário. Eles colocaram um banco, como templo de Afrodite, e muitos outros em volta, criando uma barreira entre o banco que representava o templo de Afrodite e o resto do palco. Estranhei e pedi que me explicassem o que era aquilo. Disseram que era uma parede, e isso me fez perceber que eles ainda não tinham entendido algumas coisas sobre espacialidade, simbólico, imaginário e teatralidade. Então, perguntei se a parede era necessária. Conversamos um pouco e eles perceberam que não. Em seguida, comentei sobre a velocidade em que teriam que fazer as trocas de cenário e os fiz perceber que quanto mais simples ele fosse, mais fácil e rápida seriam as trocas. Depois disso, abri uma discussão sobre o simbólico e a teatralidade, porque eles ainda não tinham entendido essas ideias.

Quando perguntei sobre o simbólico, Miriam respondeu que se tratava de algo simples, provavelmente influenciada pelo que eu tinha falado sobre o cenário. Natália disse que era "algo que parecia uma coisa, mas não era". Considerando essa resposta, peguei uma bola e perguntei o que era. Todos responderam: "bola". Depois, representei estar mordendo a bola e questionei o que seria aquilo naquele momento. Eles responderam: "uma maçã". Repeti a ação rapidamente com alguns outros objetos: um lápis como varinha de condão, uma cadeira como cavalo, um tecido como mar. Então, aparentemente, eles entenderam melhor a ideia de se trabalhar com os tecidos e se convenceram de que uma cama não precisava ser exatamente uma cama no cenário. Podia ser um banco com um tecido ou qualquer outra coisa que desse a mesma conotação.

Depois disso, eles foram para a cena. No início, perguntei quais eram os superobjetivos das personagens que estavam interpretando e eles responderam sem maiores dificuldades. Isso facilitou a compreensão da cena, que melhorou bastante. Logo após, houve uma pequena confusão no palco e eles revelaram que não queriam mais ficar em cena, o tempo todo. Decidimos, então, que haveria coxias e que eles entrariam em cena apenas quando necessário. As primeiras cenas do conto ficaram bem interessantes, porque eles conseguiram criar muitas coisas. Na hora em que o cupido surgiu na história pela primeira vez, eles decidiram fazê-lo como sombra, mas inventaram novos elementos para compor a cena, entre os quais, corações flutuantes. Nós ensaiamos e todos saíram satisfeitos da aula, com o resultado das criações. A palavra do dia foi "simbólico".

Encontro VIII
25.10.2008

As crianças chegaram agitadas e curiosas em relação à ligação que haviam recebido sobre o desenho do figurino. Antes mesmo de subirmos para a sala, fizeram muitas perguntas sobre o que deveriam desenhar, sobre o dia em que a costureira tiraria as medidas e sobre que roupas poderiam escolher. Algumas estavam bastante inseguras com a atividade e me disseram que não sabiam desenhar. Tentei acalmá-las, explicando que o desenho seria apenas para tentar mostrar para a costureira o que gostariam de vestir e que, caso elas precisassem, eu estaria ali para ajudar.

Em seguida, fomos para a sala, tiramos os sapatos e fizemos nossa roda de sempre, para ler o diário de bordo, que estava com uma bela capa, toda desenhada e com máscaras teatrais, em alto relevo, que foram coladas por Miriam. Durante a semana em que estava com o caderno em casa, ela teve o cuidado de descolar as figuras que a Juliana já havia colado antes, para colá-las novamente, mas por cima da capa que tinha feito. Como na aula anterior algumas crianças haviam faltado, a leitura do diário foi importante para atualizá-las. Depois, conversamos sobre o figurino. Optamos por fazer algo básico, já que trabalharíamos com três contos e cada criança teria duas personagens durante a peça que, muitas vezes, seriam bem diferentes uma da outra. Entreguei uma folha de sulfite para cada uma e pedi que escrevessem o nome de uma das personagens de um lado da folha e o da outra no lado oposto. Como antes já havia pedido para quem quisesse fazer desenhos, com propostas de figurino, peguei os que estavam prontos e os mostrei na roda para que pudéssemos tirar alguma ideia. O desenho de que mais gostaram foi o da Fabiana que, de fato, desenha muito bem. Também mostrei alguns dos livros sobre a Grécia e deuses gregos que sempre levava para a aula. Deles tiramos algumas ideias. Então, as meninas optaram por ter, como roupa base, um vestido com manga preguead e um cordão na cintura, que podia ser amarrado ou desamarrado, dependendo da personagem. Fizeram seus desenhos e complementaram o figurino com mais dois acessórios que tinham direito. O único menino, Luciano, optou por uma calça com uma túnica típica da Grécia antiga por cima, além de seus acessórios. As crianças ficaram muito empolgadas durante a feitura dos desenhos e criaram coisas bonitas para suas personagens. No final, ficaram muito satisfeitas com suas roupas.

    Fomos para o intervalo. Na volta, discutimos sobre o cenário. Essa parte foi mais complicada, já que eles ainda estavam com um pouco de dificuldade de entender o simbólico, de compreender o espaço cênico sem paredes, de perceber a mudança de espaço sem a mudança literal de lugar. Pedi, então, que juntos lembrássemos dos ambientes pelos quais as personagens passavam durante os contos. Fizemos uma lista. Durante a discussão, eles revelaram novamente que preferiam que o palco tivesse coxias, porque tinham desistido da proposta de ficar nele a peça inteira e de deixar seus figurinos e adereços pendurados no espaço. Sugeri que tivéssemos poucos elementos, já que teríamos que trocar de cenário entre as histórias. Eles concordaram, com certa dificuldade de compreensão. Falei que poderíamos ter cubos ou bancos, que se transformariam em coisas diferentes, como tronos, montanhas, camas etc. Relembramos a discussão da aula anterior sobre simbólico e transformação das coisas e eles concordaram. Depois de decidirmos isso, começamos a ensaiar e optamos pelo segundo conto (Perseu e Medusa). Então, pedi para que montassem o cenário como quisessem, pensando no mínimo de elementos. Mesmo assim, eles exageraram um pouco. Mas deixei que fizessem.

Começamos a ensaiar o conto. No entanto, tive que interferir bastante na disposição das crianças no espaço. Perguntei algumas vezes sobre o objetivo das personagens na cena para auxiliá-los e isso causou efeito positivo. Durante o ensaio, os alunos criaram coisas novas. Luciano e Fabiana estavam muito criativos e desenvoltos. Pamela, sempre tão tímida, se mostrou mais presente, tanto na execução dos desenhos quanto durante a cena. Sônia ficou tímida e, em cena, se escondeu atrás da colega. Porém, durante toda a aula os alunos se mostraram envolvidos e empolgados. Depois, finalizamos em roda, na qual fiz alguns elogios e falamos a palavra do dia.

Encontro IX
01.11.2008

As crianças chegaram ansiosas para tirar a medida do figurino. Mas para que isso fosse feito com tranquilidade, pedi que uma aluna do final do curso do Macunaíma as acompanhasse na elaboração das cenas, enquanto eu auxiliava a costureira. Porém, como a aluna chegou atrasada, formamos, durante a espera, a roda, na qual conversamos sobre o que fariam enquanto eu estivesse acompanhando as medidas e também sobre as cenas que deveriam ser elaboradas, considerando a importância de utilizarem o que estávamos discutindo. Lemos também o diário de bordo e, depois, partimos para os jogos "Viúvo", "Expressões na Parede" e "Caminhada no Espaço". Além de se divertirem muito, as crianças se mostraram mais criativas.

Quando a costureira chegou, eu e ela sentamos para conversar. Mostrei os desenhos feitos pelos alunos, livros com desenhos de deuses gregos e das personagens que elas criaram. A costureira entendeu a proposta e começou a chamar duplas de crianças para tirar as medidas. Entretanto, o processo acabou sendo um pouco lento. Enquanto isso, embora eu não estivesse com as crianças, elas criaram belas cenas, utilizando o que discutimos sobre o simbólico, os tecidos e os objetos, além do próprio corpo. Fiquei muito contente e satisfeita com o resultado e as crianças se mostraram empolgadas. Finalizei a aula com grandes elogios.

Encontro X
08.11.2008

As crianças foram chegando aos poucos e, como de costume, fizemos a roda. Lemos o diário e conversamos sobre o tempo que nos restava até o dia da apresentação. Começamos o aquecimento com um jogo que elas tinham gostado e requisitado muito: "Viúvo". O jogo "Viúvo" é realizado em uma roda formada por duplas em que um dos participantes se coloca de pé e o outro permanece sentado em uma cadeira ou banco, na frente do parceiro de pé. O parceiro de pé é guardião do parceiro sentado à sua frente, e não quer perdê--lo para o viúvo. O viúvo é um integrante na roda que fica de pé, porém a cadeira que tem à sua frente está vazia e, no desejo de que alguém a ocupe, ele pisca para os integrantes sentados tentando conquistá-los. O primeiro participante que consegue levantar, correr e sentar na cadeira vazia deixa outro viúvo na roda. O novo viúvo tentará conquistar outra pessoa e, assim, sucessivamente. Esse jogo é de precisão, foco e atenção. As crianças se divertem pela competição que exige rapidez para se ocupar o lugar vazio.

Logo depois, fizemos o exercício da sequência de números, para que se concentrassem. Então, optamos por ensaiar o terceiro conto, principalmente porque muitas crianças tinham faltado. De acordo com as tarefas exigidas por Afrodite, elas teriam que criar o final da história de Eros e Psiquê. Dessa forma, iriam se apropriar mais da história e ainda exercitariam a autoria. As crianças acabaram construindo uma história bem elaborada e criativa. Ainda durante a criação da cena foi fácil perceber que elas tinham assimilado a linguagem escolhida para o trabalho. Manipularam os tecidos com facilidade e criatividade. Além disso, também utilizaram conhecimentos que tinham de balé para criar uma cena encantadora e bem coreografada. Pamela e Nair criaram mais do que o comum nesse dia. Estavam envolvidas com o trabalho, deram ideias e as executaram com mais segurança do que costumavam fazer. Foi muito interessante. Contudo, também tive que dar algumas broncas por causa da agitação em que estavam. Embora a turma se mostrasse mais integrada, as crianças estavam ansiosas com o desenvolvimento do trabalho e queriam interagir entre elas. Demonstravam dificuldade em ficar paradas, concentradas no trabalho dos companheiros que estavam em cena porque, provavelmente, queriam estar em cena também, mesmo sabendo que em algum momento fariam parte do espetáculo e que aquele momento era de outro colega. A aula, por esse motivo, parou de render e de se desenvolver em um determinado momento. Pedi para que percebessem que estavam em um grupo, que cada uma teria sua oportunidade de criar e brincar com as histórias, mas que havia colegas querendo fazer a cena e a bagunça era uma falta de respeito. Elas entenderam e fizeram questão de revelar isso na escolha da palavra final do dia: respeito.

Encontro XI
22.11.2008

Chegamos à sala, tiramos os sapatos e sentamos em roda. Depois de conversarmos sobre a aula anterior, falei que deveríamos criar um prólogo para a peça. Expliquei o que significava essa palavra e, então, paramos para pensar nas possibilidades. Como eles ficaram muito presos ao exemplo que eu tinha dado durante a explicação, tentei fazer com que criassem novas ideias. Falei mais uma vez sobre o superobjetivo para que tivessem um estímulo. Em seguida, eles elaboraram uma proposta, a partir de um exemplo que eu tinha dado e do qual gostaram muito. Deixei que ficasse assim. Mas entre as ideias sugeridas havia:

- Zeus se lembra de algo e conta uma história (Miriam);
- Alguém contando uma história para seu filho (Camila);
- No Olimpo, Zeus prevê o que vai acontecer (Fabiana);
- Viagem pelo tempo.

Uma versão parecida com a da Miriam foi a escolhida. Ensaiamos o prólogo e, durante o ensaio, pude perceber a evolução de muitos alunos em relação ao início do semestre. Mais seguros em cena, conseguiram criar muitas coisas em ações, falas e ideias. Fiquei muito satisfeita com essa constatação. Antes, durante a criação do prólogo em que os deuses se lembravam das aventuras que haviam vivido, pedi que as crianças se lembrassem das próprias situações que haviam passado na vida real. Isso ajudou muito no desenrolar do prólogo. Foi lindo ver a alegria e o entusiasmo com que contavam suas histórias. Então, solicitei que fizessem a mesma coisa durante a cena. Além do prólogo, ainda criamos o final do primeiro conto, com as novas ideias que surgiram entre as crianças que se mostravam muito envolvidas e confortáveis para criar. Mais uma vez, as meninas com experiência em dança criaram pequenas coreografias para compor as cenas. Passamos o conto inteiro, que cada vez mais estava sendo apropriado pelas crianças. Elas saíram muito satisfeitas da aula e, perceptivelmente, com mais vontade de criar.

Encontro XII
29.11.2008

Em sala de aula, fizemos nossa roda, já sem sapatos. Conversamos rapidamente. Propus que ensaiássemos o primeiro conto, para mostrar as novas criações às crianças que haviam faltado na aula anterior. Mas surgiram novas ideias. Logo, também foram elaboradas mais coreografias, falas e ações para cada personagem. As crianças estavam empolgadas com as criações e a história ficou muito bonita.

Camila, que até essa aula tinha se mostrado tímida e insegura no momento de criar, começou a entrar em cena sem maiores problemas. Ela, que não ousava muito durante as criações e sempre me procurava para solucionar suas cenas, ao longo das aulas foi se integrando melhor com os colegas e esse fator, somado à tranquilidade que procurei passar em relação ao medo de errar, fizeram com que ela se sentisse mais segura. Nesse dia, ela se mostrou confortável em cena e conseguiu se expressar de uma maneira diferente da que vinha apresentando.

Em seguida, fomos para o intervalo, mas logo voltamos para a sala para fazer o segundo conto, para o qual ainda teríamos que criar um final. Tal qual o processo do primeiro conto, novas coisas foram criadas. Tati, que tinha trazido novas falas de casa, estava segura do que fazia em cena. Fiquei impressionada também com a desenvoltura e a mudança de expressão de Juliana, Fabiana e Pamela, fazendo as greias do segundo conto. Assim como Camila,

mais integradas ao grupo e menos preocupadas com o erro e o julgamento dos colegas, as meninas encontraram o conforto necessário para estar em cena e criar. Uma influenciava a outra quando percebiam que podiam se transformar, modificar o corpo, a voz e a expressão da forma mais estranha possível (itens necessários para a criação da personagem), e que não seriam julgadas de forma negativa por ninguém. Estimuladas e elogiadas, conseguiam se expressar de uma forma extracotidiana, diferente do que estavam fazendo até então. Foi muito bonito.
Então percebi que o processo de criação estava instaurado na sala de aula. Todos estavam envolvidos e animados. Porém, em determinado momento, tive que dar uma bronca em algumas crianças que deitaram no meio da sala e pararam de participar. Mas a situação se resolveu e elas voltaram com mais empolgação. A aula rendeu muito e as crianças saíram animadíssimas, contando para seus pais o que haviam feito naquela manhã, enquanto iam embora.

Encontro XIII
06.12.2008

Quando chegamos, a costureira já estava na escola, esperando para fazer a última prova do figurino. As crianças estavam extremamente ansiosas e curiosas para saber como haviam ficado as roupas. Optei por mudar de sala – já que a da professora Ariane estava desocupada naquele dia – para que elas tivessem um lugar para se trocar com mais privacidade. A prova foi tranquila e poucas roupas tiveram que ser consertadas. As crianças ficaram muito satisfeitas com seus figurinos e estavam nitidamente encantadas com todo o processo que envolveu a construção de uma peça. Assim que acabamos a prova, fomos para o intervalo, mas logo voltamos. Já na sala de aula, conversei rapidamente sobre o ensaio geral, que seria na semana seguinte, dei todas as instruções e tirei as dúvidas. Em seguida, partimos para o ensaio dos contos que estavam com mais problemas, devido a certos pontos em que apresentavam mais dificuldades. Eram partes da história não apropriadas adequadamente ou que tinham sido executadas menos vezes. O ensaio foi bom. Mas por causa da ansiedade e da agitação, consequência da proximidade da estreia e da prova do figurino, não conseguimos ensaiar tudo o que precisávamos. Tive que parar as cenas algumas vezes para chamar a atenção, pedir silêncio e concentração. Mesmo assim, foi difícil conter a empolgação e a vontade de fazer comentários e brincadeiras que não faziam parte das cenas. Concentramo-nos, então, em relembrar prólogo, entreatos, entradas e saídas. As crianças saíram ansiosas da aula para o ensaio geral; aparentemente estavam felizes com o processo.

Encontro XIV
O Final de Tudo

A semana da estreia foi maravilhosa. As crianças chegaram com uma ansiedade imensa ao teatro para o ensaio geral. Não continham a alegria nem a agitação. Então, propus que fizéssemos um *tour* pelo local para que conhecessem todos os detalhes. Conversamos e tentamos começar a ensaiar. Mas, por causa da ansiedade, conseguimos passar somente poucas cenas. Porém, como ainda tínhamos uma aula antes da estreia, estava tranquila e compreensiva em relação à euforia das crianças. No dia seguinte, a aula foi ótima e conseguimos ensaiar tudo o que precisávamos.

Por sua vez, o dia da estreia não poderia ser diferente! Também foi lindo. Ainda sem conseguir conter a ansiedade, as crianças requisitaram frequentemente minha presença para auxiliá-las com os figurinos e acessórios. Antes da abertura da porta para a entrada da plateia, fizemos uma sessão de ioga maluca para relaxar. Conversamos sobre a delícia de estar no palco, sobre todo o trabalho desenvolvido e sobre a bela peça que haviam criado. A regra daquele momento era só se divertir. Então, a porta se abriu, a música começou a tocar e eles fizeram tudo lindamente – bem mais do que tinham me mostrado ao longo de todo o semestre. Obedeceram à regra proposta e ainda saíram, além de encantados, com um lindo presente:

 A descoberta de como é delicioso estar no palco!

4.

O Circo em um Sonho

Relatos do Trabalho Social do Macunaíma

Marcia Azevedo

Um Parêntese...

Esse projeto, que faz parte de uma parceria do Teatro Escola Macunaíma com o Clube de Mães do Brasil (instituição que tem como objetivo resgatar a dignidade dos mais necessitados, conforme é possível constatar pelo *site* www.clubedemaes.org.br), pretende atender crianças de seis a quatorze anos, de baixa renda, que moram nas imediações do bairro Campos Elíseos. Dessa forma, propiciamos a elas a oportunidade de, por meio do teatro, buscar a expressão verbal, corporal e artística, visando à construção do indivíduo e não, necessariamente, formá-lo artista. Esse trabalho teve início em 2002, com 25 crianças por período. Mas, em 2008, esse número diminuiu para vinte alunos, entre novos e antigos. No entanto, a maioria das crianças tinha mais de três anos no projeto.

A criança necessita de combinados claros que sejam respeitados por todos – educandos e educadores. Os combinados possibilitam à criança ter autonomia para elaborar suas criações sem receios. Além disso, eles permitem a ela aprender que existe um momento para cada atividade do dia. É necessário que o limite seja dado para criar o cidadão; no entanto, é importante que, ao experimentar o limite, a criança não fique refém dele e aprenda a trabalhar com o coletivo, exercitando os direitos iguais dentro do grupo. Portanto, quando iniciamos nosso curso em 2008, já possuíamos combinados pré-estabelecidos:

- As aulas eram sempre às sextas-feiras, das 14h30 até 17h30.
- Era permitido ter até quatro faltas durante o semestre, salvo casos de doenças. Se uma criança estourasse essa quantidade, caso ela continuasse a faltar após uma conversa sobre a questão, a vaga era oferecida a outra pessoa que estivesse mais interessada no processo.
- Ir ao banheiro e beber água era permitido somente no início da aula, salvo casos particulares, e no intervalo coletivo.
- Antes das aulas, todos deveriam aguardar no saguão até eu ir buscá-los para juntos caminharmos até a sala.
- Em sala de aula, as crianças deviam ficar descalças ou, dependendo do clima, com meias, exceto em dias muito frios, quando podiam ficar calçadas. Logo, nos dias em que estivessem descalças, os sapatos tinham que ficar "estacionados igual a carros", um ao lado do outro, em local determinado. Ficar descalço é estar livre, sentir os pés soltos, correr livremente, sem amarras, experimentar, com alegria, o contato com a madeira. A criança sente que está em um ambiente onde pode experimentar. Essa sensação libertadora é uma das bases para que o jogo teatral aconteça de maneira espontânea.
- O diário de bordo, caderno no qual anotávamos tudo o que acontecia na aula, a cada semana tinha uma criança responsável pelo registro, mas a decisão sobre quem o levaria para casa para fazer as anotações era da criança que havia feito o registro na aula anterior.
- Era preciso haver silêncio durante a apresentação de cenas dos colegas. Dicas construtivas ao outro eram bem-vindas.
- Como o intuito era que todos fossem amigos, um teria que ajudar o outro. Consequentemente, os novos alunos eram agregados normalmente e se adaptavam tanto ao formato do grupo quanto aos combinados.

- Se porventura alguma criança saísse do Clube de Mães, ela não perderia o direito à vaga no teatro (embora todas chegassem ao grupo por meio do clube).

Apesar de anteriormente ter havido conflito de idades e de pensamentos, no período a que se refere este relato a convivência já era bem harmônica. Portanto, esse relatório foi feito a partir das circunstâncias citadas, nas quais os combinados de grupo já existiam e seriam respeitados, discutidos ou modificados se existisse alguma necessidade. E eu fui professora dessa turma desde o começo. Dessa forma, tracei meu superobjetivo do semestre baseada nessas informações. Observei que o grupo vinha há alguns semestres falando só coisas ruins das cenas dos colegas. Essa não era uma situação marcada, mas crescia de tempos em tempos e, quando eu perguntava sobre algo bom que viram na cena dos colegas, não sabiam o que dizer. Então, nesse semestre, além do foco na criatividade em cena, trouxe também como foco: aprender a olhar as coisas com bons olhos, sem, no entanto, deixar de ver o que "pode" melhorar, ajudando os parceiros. Agindo dessa maneira aprenderiam a se ajudar enquanto grupo e a pensar no bem da cena, no coletivo, sem, no entanto, perder a individualidade.

Encontro I
Iniciando...

Começamos o semestre em 22.02.2008 com apenas quatro crianças. A princípio, ficamos sentados no saguão da escola, esperando que alguém mais aparecesse. Então, perguntei sobre as férias de cada um. Marcella e Victória, que eram irmãs, contaram que tinham ficado parte das férias na casa da avó paterna; Pedro disse que foi para a praia com os pais; Kellyane falou que tinha ficado em casa mesmo. Logo em seguida, Pedro já quis saber o que montaríamos no semestre. Eu disse que não sabia ainda. Mas ele lembrou que, conforme tínhamos combinado no final do ano passado, esse semestre teríamos um texto. Então perguntei o que eles gostariam de montar e a resposta foi unânime: Comédia! Essa era a característica do grupo. Eles sempre gostavam de comédia; queriam divertir quem viesse assisti-los e eu acreditava que, talvez, fosse essa uma forma positiva que tinham de enxergar a vida.

Depois dessa escolha, fomos para o teatro 1, nosso local de ensaio, onde anotei os nomes dos presentes e perguntei com quem tinha ficado o diário no semestre passado. Ninguém se lembrava, nem eu! Achava que tinha ficado com o Gabriel, mas também não tinha certeza; então, decidi que perguntaria na próxima semana. Em seguida, avisei que eu mesma faria o registro e depois passaria para o diário. Aproveitei e entreguei a Pedro seu certificado de conclusão de semestre referente à peça realizada no ano anterior. O certificado ainda estava comigo desde o semestre anterior. Também pedi a Tânia, funcionária da secretaria, que fizesse um para Victória, porque ela ainda não havia recebido o seu. Normalmente, uma vez por ano, entregava o certificado de conclusão do processo para as crianças. Considerava importante a valorização do que foi realizado. Era uma forma de aumentar a autoestima e estimular a continuidade do trabalho e a aquisição de novos conhecimentos. No semestre anterior, fiz a entrega do certificado como se fosse a de um diploma de faculdade, com salva de palmas, abraços e tudo mais. Na hora da festa, até brindamos com refrigerante, como se fosse champanhe!

Resolvido o assunto dos certificados, quis saber quem havia montado comigo, anos atrás, a peça *Clarão nas Estrelas*, de Wladimir Capela. Kellyane levantou a mão. Então, resolvi contar a história *A Bruxinha Que Era Boa*, de Maria Clara Machado. Sempre achei importante saber a história antes de contá-la, momento em que ajo como em uma sessão de contação: mudo a voz, carrego nas intenções, faço movimentos corporais e utilizo o maior recurso humano que temos: a imaginação. Com isso, as crianças entram na história, prestam atenção em tudo, se envolvem. Acredito que o educador tem que ser um artista, que vive em busca de caminhos para alcançar seu propósito, que, no meu caso, é o do ensino. Às vezes, me torno palhaça, às vezes, poeta, pensadora, pai, mãe e amiga! Mas, voltando à história, quando terminei de contá-la perguntei se entenderam. Então, como havia poucas crianças na sala, decidi que elas iriam ficar juntas durante a construção da cena. Porém, antes de começarmos o ensaio, Marcella disse que queria mais informações sobre os deuses do teatro. Não sabia ao certo quando havia começado essa história, mas todo semestre, antes de iniciarmos a apresentação, ficávamos na coxia e eu sempre dizia que deveríamos chamar os deuses do teatro para nos proteger e ajudar, caso esquecêssemos de alguma coisa durante a peça. Também dizia que eles apareciam quando gritávamos "merda", palavra que em teatro expressa desejos positivos, boas vibrações, vitória, sorte para que tudo saia maravilhoso (no entanto, as crianças já sabiam que só poderiam gritar essa palavra antes da apresentação; em outros momentos, jamais). No semestre passado, um menino também já tinha me perguntado onde os deuses do teatro ficavam: se era na plateia ou no palco? Disse que ficavam atrás dos refletores. Respondi dessa forma porque sabia que, na hora da peça, as crianças não iriam olhar para os refletores em busca de deuses. Mas meu intuito maior era somente aguçar a imaginação deles antes da apresentação e fazer com que todos pensassem que existe sempre alguém olhando por nós, nos auxiliando. Era também uma maneira de fazê-los confiar que, caso algo acontecesse fora do planejado ou se esquecessem de alguma coisa, surgiria uma nova ideia. Por fim, disse a Marcella e aos demais que os deuses queriam somente que a peça saísse boa e que a gente ficasse feliz. Aí veio a pergunta que não queria calar:

– Eles são espíritos de pessoas mortas?
– Claro que não, Marcella! Por acaso pessoas mortas são deuses do teatro? Deuses são deuses, como o Deus que a gente conhece.

Rindo, Marcella prosseguiu:

– Você tem fotos deles?
– Tenho sim e vou trazê-las para vermos na próxima aula!
Bem, assunto encerrado porque senão a gente não ensaia!

Então, fiz a divisão das personagens de forma harmônica e, mais do que depressa, todas as crianças correram para montar o cenário.

Sempre acreditei que o ensaio é de extrema importância no teatro, mas para o trabalho infantil é mais importante ainda, porque nele a vivência acontece, a imaginação voa com verdade e vontade e os julgamentos somem, prevalecendo somente a criação que, por sua vez, puxa outra criação e, dessa forma, a história se constrói naturalmente.

Como havia trazido diversos CDs, durante o ensaio fui experimentando as músicas que caberiam nas cenas. Já no final do terceiro ensaio, Victória deu a ideia da bruxa Ângela (personagem) transformar todos os demais em pessoas boas. Nesse momento, perguntei como a bruxa tinha aprendido a fazer coisas boas se todos só faziam maldades?

– Pode ter sido, em um dia na biblioteca, quando ela estava estudando – respondeu Victória.
– Hum... Muito bom! Então, teremos que fazer a bruxinha na biblioteca.

Todos concordaram e, por esse motivo, fizemos mais um ensaio, o quarto, no qual Ângela transformava todos em pessoas boas na cena final. Para animar o grupo, ainda pedi que arrumassem tudo, enquanto eu procurava alguém na escola para assisti-los. As crianças ficaram ansiosas. Por fim, encontrei algumas adolescentes esperando no saguão para ensaiar uma outra peça e pedi a elas para assistirem ao ensaio do meu grupo. Elas prontamente toparam ver a cena das crianças, deram risadas e bateram palmas no final.

Perguntei se elas gostariam de comentar alguma coisa. Então, além de falarem que tinham entendido a história toda, perguntaram há quanto tempo o grupo estava ensaiando. As crianças, orgulhosas, disseram que tinham ensaiado somente quatro vezes naquele dia mesmo. Fiquei feliz por elas se sentirem bem ao receber críticas construtivas de "gente de teatro".

Após as adolescentes saírem, perguntei às crianças o que elas tinham achado. Disseram que tinham esquecido um pedaço, mas improvisaram bem e ninguém percebeu. Então, expliquei que não podiam esquecer o que foi ensaiado, porque teriam que se apresentar na próxima semana para as crianças que faltaram; elas ficaram bem contentes com isso. Depois dessa conversa, disse que ia contar até dez para que deixassem a sala em ordem. Sempre ao final da aula busco uma maneira diferente de finalizar e deixar a sala como encontramos. É de extrema importância a criança saber que pode fazer suas "bagunças enquanto brinca", mas também é importante ela ter consciência de que ela mesma deve arrumar sua "bagunça". De maneira lúdica, todos ajudam e aprendem que tudo tem que ficar da maneira como encontramos. Foi uma correria e uma gritaria geral, mas fizeram com que a sala ficasse em ordem rapidamente.

Encontro II
29.02.2008

Nesse dia, voltaram para a escola Mayara e Kelly, que tinham feito teatro há um ano. Formamos uma roda, na qual perguntei com quem tinha ficado o diário de bordo e, mais uma vez, ninguém sabia. Em seguida, Pedro lembrou que iríamos apresentar a cena da semana passada para os que não compareceram à aula. Então, pedi para se organizarem para a apresentação da cena, enquanto os demais se sentavam na plateia. O grupo se apresentou e foi bem legal, porque lembraram toda a sequência. Para os que assistiram, perguntei se tinham entendido, e Lohana explicou a história toda. Em seguida, perguntei ainda se alguém mais gostaria de expor algo novo. Ninguém falou nada. Depois, além de pegar um livro para mostrar as fotos que tinha da primeira montagem da peça *A Bruxinha Que Era Boa*, formamos uma pequena roda, na qual fui falando os nomes das bruxinhas da história. Mas ainda frisei que poderíamos inventar outros nomes. Mayara perguntou qual era a sugestão do dia. Disse que a ideia era *O Mágico de Oz*. Pedro perguntou se haveria um texto no semestre. Falei que sim, de acordo com o que foi combinado anteriormente, e expliquei que, há um bom tempo, estávamos somente trabalhando com nossas próprias palavras e era importante criar com palavras já prontas. No entanto, ressaltei que não era para seguir à risca o texto, pois ele apenas nos indicaria mais um caminho. Então, contei a história de Oz e eles lembraram que, no ano passado, tinham assistido ao filme no próprio teatro. Mas, aos poucos, também disseram que queriam mesmo era a história das bruxas. Em seguida, Mayara perguntou se não poderíamos juntar a história das bruxas com a do Mágico de Oz. Ela disse que tinha gostado da ideia de misturar ambas. Kellyane, que até então tinha dito que seria muito difícil juntar as duas histórias, porque elas eram diferentes, foi além e sugeriu que as misturássemos com *Harry Potter*. As crianças gostaram e, empolgadas, começaram a falar sobre as personagens, enquanto eu pensava na possibilidade de pesquisar a história do filme e a de Maria Clara Machado, já achando interessante a proposta.

Mas as ideias não pararam. Kellyane disse para juntarmos a história de *Mutantes* (novela da Record) também. No entanto, respondi que a novela já estava no ar e que podíamos criar algo que não estivesse na TV. Depois desse argumento, a ideia desapareceu. Marcella falou que era importante a gente trabalhar a criatividade. Kellyane entrou no assunto novamente e disse que estávamos falando muito em vez de ensaiar. Concordei, mas ressaltei que precisávamos conversar um pouco para que todos pudessem saber o que fazer. Contei um novo trecho da peça, mais precisamente a cena em que Ângela e Pedrinho estavam na torre de piche. Em seguida, pedi que juntassem a essa cena partes do filme *Harry Potter*. Disse que, quem não se lembrava ou não tinha assistido ao filme, poderia dar ideias de coisas que imaginavam que poderiam acontecer em uma escola de bruxos. Depois disso, formamos um único grupo com onze pessoas (total de alunos do dia). Conforme o combinado, deveriam ensaiar três vezes, sempre buscando criar coisas novas. Assim, todos tinham que dar ideias ou improvisar novas falas na cena. Caroline até sugeriu uma coreografia para as bruxas.

A Brincadeira Chamada Teatro

Fazer teatro já é brincar. A gente corre de um lado para o outro, fala alto, sofre, grita, dá risada, usa uma roupa que não é nossa e ainda viaja numa história que também não é nossa. É rei, rainha, mendigo, cachorro, bruxa, princesa, palhaço. Nessa brincadeira, tudo é válido, não existe competição. Estão todos em prol da história. Todos querem somente viver aquele momento de "faz de conta" e ser feliz.

Depois Dessa Reflexão...

As crianças ensaiaram e pediram para ir ao banheiro antes da apresentação. Na volta, Lucas apareceu com um aviãozinho de plástico e perguntou se o avião podia ser um inseto. Eu disse que sim, desde que o usasse em cena. Victória perguntou sobre as fotos dos deuses do teatro. Falei que tinha esquecido, mas que traria sem falta na próxima semana. Então eles se apresentaram e eu, como sempre, fiz anotações sobre a cena para que pudessem melhorar na próxima vez. No entanto, dessa vez quis apontar também as coisas criativas que apareceram:

- Lohana tinha feito uma bruxa muda, que utilizava a LIBRAS para se comunicar.
- O caldeirão era a mesa de ponta cabeça.
- Os bancos, um em cima do outro e cobertos por um pano, representavam a torre de piche.
- A vassoura era um guarda-chuva.
- Kellyane falava e criava o texto em alto e bom som. (Ao chegar no curso, ela não queria falar e, no dia de sua primeira apresentação, chorou por ter medo de errar alguma coisa.)

O Certo e o Errado

É importante deixar claro que para nós não existe o certo e o errado. Existe, sim, o diferente, o que não cabe naquele momento, mas não o que significa errado. Se a criança sabe a história por completo, ela naturalmente se coloca nas circunstâncias e age com tranquilidade. Kellyane tinha medo de errar e sofria só de pensar na possibilidade, mesmo eu falando sempre a ela que estava certo o que fazia, que não estava errado, que cada um tinha o seu jeito e que o dela estava correto. Ela não acreditava no próprio potencial.

Prosseguindo...

Perguntei sobre as reações de cada personagem em cena.

– O que pensava Caolha quando falavam dela? E o que pensava Fredegunda quando ouvia que Caolha era a melhor?

Após as respostas, disse que tinha uma coisa bem legal para falar e todos ficaram atentos:

– Há um tempo tinha comentado com a Débora (Coordenadora Pedagógica) que o tempo era bem curto e que a gente...

Fui interrompida por Pedro que logo perguntou se iríamos ter dança na peça.

– Então... Faz dois semestres que não consigo colocar uma dança na peça, porque não dá tempo pra ensaiarmos e ficar bonito, por isso, pedi a Débora para a apresentação ser somente no final do ano.

Houve um momento de silêncio, uma espécie de transição. Todos olharam para mim e Marcella exclamou:

– Só no final do ano?!?!
– É!!! Não é legal?! A gente vai ter tempo para construir o cenário, os adereços, o figurino. Lembram a correria que foi no semestre passado? Cortamos o figurino de quem tinha faltado no dia que fizemos as roupas. Todas as coisas deveriam estar prontas antes do dia da apresentação e não às pressas, de qualquer jeito.

Aí eles mudaram o pensamento. Começaram a falar que a gente ia ter tempo para construir um cenário bem legal e que seríamos responsáveis por tudo. Eu disse que nossa peça ia até aumentar de tempo, que seria por volta de uma hora. Todos ficaram felizes e fomos embora com a sensação de tempo!

O Tempo

"O tempo é o maior tesouro de que um homem pode dispor; embora inconsumível, o tempo é o nosso melhor alimento; sem medida que o conheça, o tempo é, contudo, o nosso bem de maior grandeza: não tem começo, não tem fim; é um pomo exótico que não pode ser repartido, podendo, entretanto, prover igualmente a todo mundo; onipresente, o tempo está em tudo; existe tempo..."
(*Lavoura Arcaica* – Raduan Nassar)

Encontro III
07.03.2008

Nesse dia, havia onze crianças a mais do que na semana passada. Herlan e Willian, que estavam na turma da manhã no semestre passado, passaram para a tarde. Na roda inicial, sorteei o nome de Mayara. Ela teria que contar para os novos alunos todos os combinados do teatro. Eu avisei que sairia da sala e, depois, voltaria, como se fosse uma cena. Mas, mesmo fora da sala, fiquei atenta ao que todos falavam sobre os combinados. Quando terminaram, avisaram que eu já poderia entrar. Naquele momento, comecei a agir como "professora" e fui perguntando: *Como era tal coisa? Como se deve fazer em tal situação? Pode isso? Pode aquilo? Que horas pode?...* No entanto, acabei repetindo a sequência do início. Em seguida, Victória deu a ideia de apresentar as cenas da semana anterior aos novos alunos. Concordei, mas antes teríamos que ler o diário de bordo da semana passada. Então, Walbert avisou que o tinha esquecido e nós acabamos descobrindo com quem estava o diário!

Nesse momento, meu celular, que estava na bolsa, tocou. Olhei para todos e perguntei quem tinha deixado o celular ligado. Eles disseram: *Não fui eu, não fui eu...* Quando Kelly falou que era o meu, olhei novamente para todos e balancei a cabeça afirmativamente. Eles bateram palmas e gritaram, "zoando" da minha cara. Dei risada e falei que eu iria levar bronca se deixasse o celular ligado durante a aula. Desliguei e todos bateram palmas novamente.

O celular nos mantém conectados com o mundo lá fora; mas, na sala de aula do teatro, nosso foco deve ser no mundo imaginário, em nossa criação, no sorriso dos nossos colegas, no olhar vibrante de quem inventa a cena. Essas coisas não podem ser menos importantes que um aparelho eletrônico, e é triste quando percebemos que do outro lado da linha muitas vezes estão os pais.

São os Professores Deuses?

Quando essas coisas acontecem, percebo que para as crianças fica a ideia: "Nossa, ela também esquece". E isso me deixa completamente tranquila, porque esquecer é possível e humano.

Então...

Pedi ao grupo da semana anterior que apresentasse a cena para os demais assistirem. Eles se lembraram de tudo e eu sugeri aos novos alunos que fizessem perguntas ao grupo. Thalison questionou por que Lohana não tinha falado nada. Então, Caroline explicou que a personagem dela era muda e só fazia gestos em cena. Como não houve mais nenhuma pergunta, eu quis saber se entenderam e se gostaram da história. A resposta foi afirmativa. Logo após, escolhi três grupos.

O primeiro, que foi formado por mais alunos antigos, tinha Mayara, Kelly, Herlan, Willian e Viviane, além de duas meninas pequenas e novas, Natasha e Larissa. Pensei em colocá-las nesse grupo porque Natasha se mostrava desatenta, e só se concentrou um pouco na hora da apresentação dos colegas mais antigos. Larissa, por sua vez, era concentrada, e ambas eram amigas. Colocando as duas no mesmo grupo, elas poderiam fazer uma parceria de idade no trabalho e não se sentiriam sozinhas com os maiores. O segundo grupo tinha pessoas antigas e novas misturadas, e todas deveriam criar uma cena de floresta, na qual poderiam mesclar coisas da peça a outras inventadas. O terceiro grupo teria que criar a cena de biblioteca, sugerida pela Victória Villar na semana anterior.

O primeiro grupo, o dos alunos maiores, terminou mais rápido. No entanto, Natasha não participou, mesmo quando os demais a chamavam para as cenas. Então, resolvi transferi-la para o grupo da biblioteca. Larissa foi junto. Mas enquanto Natasha continuava dispersa, Larissa participou ativamente. Então, como Pedro, que estava no mesmo grupo, veio me dizer que Natasha estava fazendo bagunça, pedi a ele que a ajudasse porque, além de ser o primeiro dia dela, como os demais ela também merecia aprender. Ele concordou e voltou para o grupo. Fiz isso porque acreditava que, quando Natasha conseguisse entrar nesse mundo imagético, ela se concentraria. Levei, ainda, em consideração a ansiedade pelas novidades do primeiro encontro.

Depois do ensaio, os adolescentes ficaram conversando. Mas, em determinado momento, Willian virou e falou: *Vamos fazer alguma coisa?* Então, voltaram a ensaiar e eu gostei da atitude deles. Herlan também me procurou para dizer que teria que sair às 17h00, porque tinha que buscar alguém na escola. Mas avisou que seria somente dessa vez, embora tivesse que faltar no próximo dia 15, devido a uma cirurgia que faria no olho. Ele tinha estrabismo e iria colocar uma lente no olho, por tempo determinado, para corrigir o problema. Finalmente, o tempo de ensaio acabou e fomos para as apresentações:

GRUPO 1
Os integrantes trouxeram um mistério que ocorria durante a noite, numa biblioteca, onde acharam um senhor, o tataravô de uma das crianças, deitado no sofá, e que apenas acenou com a mão. Eles também acharam um interessante livro. A cena ficou maravilhosa e eu perguntei aos demais o que tinha acontecido de interessante. Carol disse que tinha gostado do cenário; Kelly observou que todos falaram na peça, inclusive os novos; Thalisson comentou sobre a mão do tataravô, interpretado por Walbert, e sobre o túnel secreto. Eu falei que tinha adorado a cena, e adorei mesmo. Fiquei encantada com a situação que eles provocaram na cena: um clima estampado. Suspense no início, seguido por acontecimentos. Conceitos teatrais que eles nem imaginavam que estavam embutidos ali.

GRUPO 2
Mostraram a cena de uma professora que levava os alunos para passear na floresta, mas uma bruxa os pegava e os entregava a uma escola de bruxos.

GRUPO 3

Interpretaram uma cena do filme *Harry Potter e a Ordem da Fênix*, que tinha menos de um minuto. Então, pedi que arrumassem novas ideias para a próxima semana.

Aliás, a tarefa era para todos. Em seguida, como havia prometido, mostrei o livro *Para Entender a Arte*, no qual havia uma foto de Dionísio. Como eles ficaram ansiosos, pedi que se sentassem e fui passando o livro para matar a curiosidade de todos. Aproveitei também para contar a história de bater os pés e da palavra secreta que a gente gritava no dia da peça. Mas eles disseram que sabiam qual era essa palavra!

Depois, partimos para as brincadeiras. Fizemos o jogo "Pega--Pega Corrente" e "Bruxa e Anjo". Somente Mayara não participou. Ela preferiu ficar lendo o livro de arte e percebeu que eu tinha mostrado a foto errada. No livro, Dionísio aparecia sem barba nenhuma e com cara de menino. Mayara veio comentar o fato comigo. Então, pedi a ela que comentasse sua descoberta com os demais. Ela ficou sem graça, mas disse que deveria falar porque estava certa. Por fim, ela mostrou a foto correta e eu disse que quem quisesse mais informações poderia procurar por Dionísio ou Baco na internet.

O Professor

Ele é mais um parceiro de turma e não o detentor de todo saber. Ele também erra, sente dor de barriga, tem vontade de chorar diante de algum acontecimento. Faço sempre questão de dizer que não sei o caminho de todas as "coisas", que quero que eles me ajudem e sempre admito um erro na frente de todos para que aprendam que o erro faz parte e não existe problema em assumi-lo. A sinceridade com que trato cada momento é a sinceridade que eles vão devolver em tratamento comigo e com a vida.

Enfim...

Colocamos os sapatos e saímos. O encontro tinha acabado e, quando ainda estávamos deixando a sala, Walbert veio me dizer que só tinha escrito um pouquinho no diário. Respondi que não tinha problema.

Encontro IV
14.03.2008

Formamos a roda, na qual contamos com a presença da aluna Lílian e de sua amiga Cintia, que tinham vindo conhecer o projeto. Fiz a chamada com nomes de animais de quatro patas. A chamada no início da aula deve ter um caráter de "fazer parte do encontro". Ela não tem a intenção de cumprir um papel investigativo para se saber quem compareceu e quem faltou. A ideia da chamada com nome de informações da aula ou do cotidiano faz, em primeiro lugar, com que a curiosidade se faça presente. O desafio, dessa forma, é de tentar acertar e/ou poder auxiliar o colega, propiciando ao grupo conhecimento sobre várias questões de maneira lúdica. Assim, a chamada se torna uma "brincadeira" porque o educador deve fazer parte desse momento lúdico, criando uma "cena". Ele faz a chamada de maneira a aguçar o interesse do educando, criando expectativa e valorizando palavras para ajudar no exercício de conhecimento, atenção e concentração. Às vezes, é importante o educador dispersar o grupo com outras coisas para que o foco não oprima a criança. Em alguns casos, determinados alunos precisam do amparo dos colegas, e perceber que está sendo ajudado é saudável. Quando o aluno adquirir essa experiência, ele será capaz de ajudar alguém em outro momento. Mas o educador deve, de início, deixar que a criança pense, que ela exercite a reflexão sobre a pergunta a ser feita na chamada. Dicas e pistas podem ser oferecidas para que a resposta aconteça. Todo esse mecanismo leva um tempo em roda, mas faz parte do trabalho de desenvolvimento pessoal, intelectual e grupal.

Exemplo de chamada:

Todos sentados em roda. A professora, com a caneta e a lista de chamada nas mãos, olha para todos com sorriso e diz: *Vou começar a chamada. Atenção!!* Fecha os olhos e balança circularmente a caneta, e deixa-a pousar sobre a chamada. Lê o nome que está escrito e diz: – *Fulano*. Nesse instante, todos olham para o colega e aguardam qual será a pergunta. A educadora diz: *Hoje vamos fazer perguntas sobre o circo*. E completa: *Qual o nome da profissão daquele artista que trabalha com três bolinhas jogando para o alto, às vezes cinco e, se for muito bom, até doze bolinhas?* O aluno, nesse instante, tem um tempo para pensar e não pode ser ajudado por ninguém. Ele precisa "puxar" pela memória. A educadora pode, depois de um tempo, dar uma dica: *Tem algumas pessoas que fazem esse trabalho nos faróis das grandes avenidas de São Paulo*. Se o aluno não souber responder, a professora pode olhar algo ao lado, conversar com outras crianças sobre as "malas" que usam para viajar e passa outra dica. Por fim, ainda pode pedir para alguém dar uma dica boa ao amigo, dizendo: *Vou fechar os olhos e vou contar até cinco. Aguém pode ajudar o colega?*

A ideia de ajudar o outro está sempre presente no trabalho, desde o início da aula. Aprender a deixar o outro pensar e saber a hora de ajudá-lo são caminhos importantes nesse projeto.

Após a chamada, iniciamos a leitura do diário de bordo e avisei que faríamos três cenas para mostrar a Lílian e a sua amiga. Eles queriam ficar nos mesmos grupos da semana passada, mas eu disse que era importante haver uma troca, para vermos se surgiriam novidades. Em seguida, sorteei, de olhos fechados, três pessoas que iriam escolher os grupos. Saíram os nomes de Thalison, Lohana e William.

A Escolha dos Grupos

Sempre indico três ou quatro pessoas para escolher seus parceiros de cena. Essa maneira possibilita a composição de grupos diferenciados e a não formação de "panelinhas". Mas, por outro lado, também pode criar a sensação de exclusão entre os últimos a serem escolhidos. Por causa disso, peço que, na rodada de escolha, seja chamado um colega do sexo masculino e outro do feminino, por exemplo. Diferencio também o final da escolha, deixando, para os que ainda não foram escolhidos, a decisão de entrar no grupo que quiserem. Dessa forma, dou a eles o direito de opção. Mas, muitas vezes, percebo crianças querendo ficar por último para poder escolher seu grupo. Não considero esse o melhor caminho e, como ainda acho que existem outros tão interessantes, sempre fico na dúvida: se escolho, fico com a impressão de que a "professora" está colocando os "bons" e "ruins" nesse ou naquele grupo; se eles se juntam livremente, é claro que vão querer ficar com aqueles que sentem mais afinidade. Mas também posso fazer a divisão de grupos por contagem de números, por escolha de cor de bexigas, sorteio de papel etc.

Tempo Para Ensaiar...

Antes da apresentação, pude explicar o projeto às crianças.

GRUPO I
O cenário ficou bem bonito e Larissa falou alto. Houve a cena da prova das bruxas e uma música para Belzebu. Depois, durante os comentários, Kellyane lembrou que todos andavam tortos na cena, exceto Ângela, que andava direitinho. Carol disse ainda que não achava Belzebu o melhor e por isso fazia caretas.

Trabalhando a Construção das Personagens

Gosto quando os alunos justificam as ações das personagens na cena e as criações corporais e vocais surgem. Isso é construção, é alimentar internamente a crença sobre a personagem em questão e propiciar seu nascimento aos poucos.

Retomando...

GRUPO 2
Dividiram-se em dois lados: o do bem e o do mal. Durante a cena, a professora mandava fazer um trabalho na biblioteca sobre Belzebu. A bola de cristal era um fio de aço. Lohana inventou, cantou e foi um arraso! Pedi até uma salva de palmas para ela. Quando perguntei sobre as coisas boas e criativas na cena, os demais levantaram a mão e apontaram a música e o cenário.

GRUPO 3
Começaram com um diálogo:

– Mãe, a gente pode ir à floresta?
– Podem, mas que seja pelo caminho da direita, não o da esquerda!

No caminho, a velha Malva aparece e leva as crianças para sua casa. Malva tossia muito. Já na casa, ela levou um lanche para as crianças. Elas comeram e desmaiaram. Então, a velha vai para o colégio dos bruxos, avisa sobre as crianças que encontrou, volta, dá um uniforme a cada criança e as leva para a escola. Na escola de bruxos, o professor bruxo pergunta:

– Quem descobriu a bruxaria?
– Foi Morgana – responde a menina raptada.
– Foi o bruxo Belzebu – responde um menino bruxo.

Marcella, interpretando Malva, fazia uma mão tremer o tempo todo. Muito bom! Ana Luiza "viajou" muito e fez a cena, de forma verdadeira, vivendo todas as situações!

Após conversarmos sobre esse grupo e apontarmos todos esses comentários, pedi que arrumassem a sala. Avisei que não haveria aula na próxima sexta-feira, por causa da Sexta-Feira da Paixão. Então Lucas Sabino deu a ideia de fazermos um "Amigo-Chocolate". Todos concordaram e estipulei o valor em um real. Mas, como havia tempo, fizemos mais duas brincadeiras: "Bruxa e Anjo" e "Mocinhos da Europa". Depois, desejei boa Páscoa a todos!

Encontro V
28.03.2008

Fizemos a roda e, em seguida, a chamada com nomes de pessoas famosas. Eles estavam bem elétricos. Depois de um feriado, sempre voltavam mais agitados. Gabriel retornou para a turma e ainda trouxe a irmã Vanessa. Ela me viu e começou a chorar. A mãe, que estava presente, disse que a menina sempre fazia isso no primeiro instante e depois parava. Foi assim mesmo; logo, Vanessa já estava correndo para o teatro onde teríamos a aula. Mas para trazer um pouco de tranquilidade, sugeri que fizéssemos um minuto de silêncio. Thalison perguntou: *Por quê?*

Expliquei que o silêncio ajudaria a gente a se concentrar, que acalmaria a eletricidade e aí perceberíamos o que é o fazer no teatro. Disse ainda que silêncio sempre traz calma e paz, então, como estávamos muito agitados, íamos precisar fazer um minuto de silêncio para a peça ficar boa. Thalison aproveitou e perguntou se eu tinha desligado o celular. Dei risada e disse que sim!

Marcella, de repente, lembrou que o diário de bordo estava com ela, mas como veio direto da escola, esqueceu de pegá-lo. Então eu li o meu registro e ela se encarregou de fazer as anotações dessa semana também. Em seguida, escolhi quatro pessoas para formar os grupos: Herlan, Mayara, Kelly e Pedro. Pedi que ensaiassem o final da peça e dei um tempo. No último encontro, Natasha disse que estava com dor de cabeça e não fez a peça. Então, enquanto aplicava reiki em sua cabeça, ela dormiu. Mas, nesse encontro, novamente ela veio falando que estava com dor de cabeça. Tirei a "xuxinha" do seu cabelo, perguntei se ela havia almoçado e, quando ela respondeu que sim, disse que ela teria que ensaiar um pouco; e ela foi.

Por Que Isso Tinha Acontecido?

Essa é uma pergunta interessante. Ainda que reflita muito sobre isso, acho que não chego a uma conclusão clara. No último encontro, a menina Natasha recebeu carinho e atenção. Talvez quisesse o mesmo nesse quinto encontro, por isso pedi que fizesse parte da cena, para se integrar ao grupo sem pensar que é a preferida entre todos os outros. Mas, para ter certeza de que foi somente isso, terei que observá-la por mais tempo para ver se essa atitude se repetirá.

Continuando...

Disse que teríamos que repetir a cena da biblioteca para acrescentar novidades à peça. Avisei que o número de alunos estava fechado. Não entraria mais ninguém na nossa turma que já estava com 24 crianças. Depois falei que tinha trazido uma sacola cheia de panos e alguns objetos para que explorassem a criatividade e imaginação nas cenas.

GRUPO 1
Formado por Gabriel, Vanessa, Kelly, Marcella e William. Algumas crianças foram passear na casa do avô, mas bruxos do mal fizeram

com que elas desmaiassem. A cena lembrou o *Sítio do Pica Pau Amarelo* e eles comentaram isso. William trouxe uma voz bem legal para sua personagem.

GRUPO 2
Composto por Walbert, Natasha, Herlan, Viviane, Kellyane e Lohana. Trouxeram a ideia de uma mãe que levava os filhos para colher frutas na floresta. Então, uma das meninas se perdia, mas acabava encontrando um bruxo que, além de levá-la à escola, também a prendia. Outra bruxa aparece e pergunta à menina sobre a sua mãe, mas Ângela, a fada da menina, surge e canta uma música para os demais bruxos desmaiarem. Antes da cena, o grupo achou, dentro da sacola de objetos, uma arma de plástico. Logo juntaram várias crianças em volta dela e eu tive que perguntar ao grupo se iria usá-la. Como disseram que não, pedi a arma e guardei comigo. Concluí que deveria ter olhado os objetos da sacola antes das crianças. Lohana, que tinha cantado no encontro anterior, cantou novamente em cena, durante o caminho para a floreta. Ela mesma escreveu a letra da música (que transcrevo do jeito que ela colocou no papel):

> Não importa a hora que você muda só basta
> Querer verde é de esperança vermelho é
> De amor e com essas duas cores você chegará
> Lá onde você querer
>
> Bis
>
> Mais não importa a hora que você muda só basta
> Querer verde é de esperança vermelho
> É de amor e com essas duas cores você chegará
> Onde você querer

No grupo ainda havia Herlan, que, recém-operado, aparentemente estava mal, mas não faltou. Perguntei se queria ficar sentado, mas ele disse que ia fazer a cena assim mesmo. No entanto, teve um momento em que o menino se sentou no palco, bem no meio da cena, e ficou de olhos fechados.

Minha Visão Sobre o Fato

Por que uma pessoa recém-operada viria à aula? Por que não ficava em casa dormindo? Conhecendo Herlan há tempos, sei que sua conduta é puro compromisso com o teatro, com os amigos; também sei que preferiu vir à aula porque não teria nada mais interessante para fazer em casa. Ele tinha a sensação de não querer perder nada. Ficar em casa seria perder a oportunidade de viver o momento igual a todos. Seria deixar de viver um momento mágico.

Prosseguindo...

GRUPO 3: Formado por Victória, Liliane, Pedro, Paulo, Euler e Larissa. Falaram da dengue hemorrágica e de gravidez. Ficou confuso, não deu para entender se eram bruxos ou não. Mas, de certa forma, gostei porque introduziram coisas da atualidade na cena. No entanto, todos comentaram que não entenderam o final. Então eles disseram que faltou ensaio e explicaram o que queriam dizer, mas eu disse que o público deveria entender na hora da apresentação.

GRUPO 4
Composto por Mayara, Thalison, Carol, Alex, Lucas e Ana Luíza. Na cena, apareciam duas bruxas e três meninos que eram ameaçados, porque tentavam saber de alguma coisa que estava dentro da biblioteca. Também surgiam mais bruxos que acabavam achando os meninos, que desmaiavam. Depois, aparecia ainda uma bruxona que transformava as bruxas más em bruxas boas. O cenário também

foi bem legal e as personagens todas eram nomeadas por letras. O grupo explicou que as letras eram as iniciais de cada pessoa. Foi bem criativo!

Por causa dessa última apresentação, falei com todos sobre criatividade. Disse que havia dias em que eles estavam mais criativos e em outros menos. Expliquei que, no encontro atual, a criatividade tinha sido pequena, que eles poderiam ter explorado mais as cenas e que deveriam se lembrar de coisas que já haviam feito, para ajudar na construção das cenas. Todos entenderam o que eu disse e, então, fomos para o momento "Amigo-Chocolate"!

Como alguns se esqueceram de trazer chocolate, pedi a uma funcionária da escola que fosse comprar uma caixa de bombons. Então, os distribui entre os que não tinham trazido e para Gabriel e sua irmã, que não sabiam da brincadeira. Depois, dando os papeizinhos que tinham o nome das crianças escrito, fui pedindo que olhassem se não era seu próprio nome que estava no papel. Quanto às crianças que não sabiam ler, eu lia o nome e falava baixinho no ouvido delas. Mas aí surgiu uma questão; elas ainda não tinham conseguido guardar o nome dos novos alunos. Depois do problema resolvido, começou o "Amigo-Chocolate", e todos tinham que apontar uma qualidade do seu amigo oculto. As crianças ficaram bem felizes com a brincadeira.

Pequena Reflexão

É engraçado como nessas situações aparecem coisas que pensamos que estão superadas. Eu não tinha consciência de que havia pessoas que não sabiam o nome das demais. Precisava pensar em uma situação que pudesse ajudá-los a guardar o nome dos colegas.

Em seguida...

Solicitei às meninas que colocassem os sapatos e saíssem. No entanto, quis que os meninos se sentassem no chão. Em seguida, pedi a eles que se deitassem e, depois, que rolassem.

Ansiedade Versus *Vontade*

Existe algo instituído na cabeça e no corpo do estudante que, quando termina a aula, faz com que ele tenha a tendência de sair correndo da sala. Na minha infância saí, muitas vezes, correndo da sala – outras não –, pelo simples fato de sair, chegar ao portão e ficar esperando os amigos ou o pai. Brincar com essa adrenalina interna é engraçado, porque a criança corre, mas fica uma pergunta no ar: para onde? Por isso, sempre gosto de fazer algo na hora da saída com o grupo, momento em que trabalho, aos poucos, a questão da ansiedade desnecessária. Para eles, é mais uma brincadeira; para mim também. Então, fico pensando se existe brincadeira sem objetivo. Acredito que não. Mas é importante, às vezes, brincar só pelo prazer da brincadeira, deixando que a atividade cumpra sua função ao longo da vida.

O fechamento da aula também pode ter algo de lúdico, nessa brincadeira de receber comandos e responder rapidamente. As meninas deveriam sair da sala rapidamente. Os meninos já sabiam que haveria desafios para eles. Pedi que sentassem no chão. Quem sentava rapidamente tinha o direito de sair da sala. A mesma coisa quando deitavam no chão e quando rolavam. As crianças que já tinham participado, tanto meninas quanto meninos, ficavam na porta do lado de fora só para ver quem conseguia responder primeiro aos comandos. É importante ressaltar a atitude de nunca criar uma situação constrangedora para os colegas, deixando uma criança única por último. Sempre que iam ficando poucos alunos na sala, eu dizia que todos tinham conseguido. Às vezes, um ou outro não respondia ao comando dentro do prazo só para ficar por último na saída. Mas isso também é um sinal de que essa criança está dentro da brincadeira e eu sempre propunha algo para colocá--la na mesma situação de todos.

Encontro VI
04.04.2008

Iniciamos em roda, mas as crianças do Clube de Mães só chegaram às 15h00. Porém, Victória trazia uma questão muito importante:

> – Por que não escolhemos outra história e depois fazemos o momento de decisão?

Momento de Decisão

Esse foi o nome dado, não sei dizer quando, para o momento em que a pessoa passa o diário de bordo para outra. Como ela decide quem será a escolhida, todos os demais batem as mãos ou os pés no chão, como se fosse o rufar de tambores, e adoram!

Então...

Pedi a ela que expusesse a questão ao grupo. Mas antes fiz a chamada com CEP (cidade, estado, país) e Marcella ainda leu o diário de bordo, no qual tinha anotado com detalhes os últimos dois encontros. Depois, avisei ao grupo que Victória queria colocar uma questão e todos ouviram sua ideia. Alguns disseram que queriam continuar com a mesma peça, porém Lucas Sabino sugeriu que fizéssemos uma votação de olhos fechados. Todos concordaram. *A Bruxinha Que Era Boa* ganhou com onze votos, enquanto as demais histórias ficaram com oito. Mas Kelly ressaltou:

> – Como a gente pode escolher algo que a gente não sabe o que é? Primeiro devemos experimentar e depois votar.

Como todos concordaram novamente, disse a eles que também estava de acordo com as ideias, mas ainda queria que cada criança expusesse seu pensamento, explicando por que poderíamos ter uma história nova. A maioria falou da questão da criatividade, da importância de inventar coisas novas e que também poderiam criar a própria história. Então, eu disse:

> – A professora chega à sala de aula com a ideia do que vai fazer com a turma e por quê. Mas, às vezes, vocês acabam trazendo outra questão e, então, tenho que mudar toda a aula. Porém, eu acho isso muito bom, porque significa que a gente conversou e novas ideias surgiram para as coisas que o grupo quer.

Todos bateram palmas e, em seguida, dividi a turma em quatro grupos, para os quais dei somente um tema: "De Repente o Lugar Era Diferente". Enquanto eles ensaiavam, fui buscar a sacola com adereços. Mas pensei em como minha relação com esse grupo era engraçada. Existia uma cumplicidade, um respeito e, ao mesmo tempo, uma liberdade de expor pensamentos e brincadeiras que saía da relação professor-educador/educando. Talvez isso ocorresse devido à construção diária e ao tempo de convivência. Os novos alunos que tinham entrado no semestre já haviam se ajustado aos combinados e à rotina da aula. Tudo acontecia naturalmente tanto em relação ao respeito às cenas dos colegas quanto ao limite de espaço de encenação. Portanto, se eles queriam explorar a criatividade, eu tinha que explorar os caminhos para atingir esse objetivo.

Entre outras coisas, eles abusavam da criatividade nos cenários. No entanto, o grupo em que Carol estava sempre se destacava, porque ela gostava muito disso.

Desenvolvendo Habilidades

Lembrei-me de quando fazia o curso Programa de Desenvolvimento Educacional no Senac e a facilitadora Claudia Nucci nos mostrou o filme *Náugrafo*, de Robert Zemeckis, para explicar os caminhos para as novas habilidades a partir da vivência: descoberta, experimentação, erro, acerto, nova descoberta, acerto, erro... Acreditava que Carol estava vivendo esse momento de descoberta, de experimento, de erros e acertos, por uma vontade própria que poderia estar guardada, mas que também tinha encontrado o momento de vir à tona. Então, minha função era valorizar, dar novos elementos, ajudá-la em momentos intransponíveis e deixá-la voar.

Voltando à Apresentação...

GRUPO 1
Lucas, Carol, Viviane, Vanessa e Gabriel. A história começou na praia. Eles foram tomar sorvete e, de repente, caíram num buraco. Com isso, foram parar em outro lugar onde encontraram vários corpos. Sem perceber, se separam, cada um foi explorar um determinado espaço e, ao se encontrarem novamente, se assustaram. Estavam todos comentando a respeito do lugar estranho que experimentavam quando surgiu um barulho. Na frente deles, apareceu um portal. Ficaram com medo de entrar no portal e decidiram encontrar a saída para a praia. Dessa forma, foram embora. O grupo demorou para construir o cenário, mas conseguiram deixá-lo pronto. Quando terminaram a encenação, perguntei aos outros alunos o que tinham achado. Thalison e

Natasha (alunos novos da turma) disseram que tinham gostado, pois tinha suspense.

GRUPO 2
Lohana, Victória, Natasha, Alex, Larissa e Walbert. Eles mostraram uma avozinha que contava uma história, falava sobre sua sobrevivência e de repente morria. Em seguida, ela se transformava em bruxa, mas quando todos pronunciavam uma determinada palavra, o espírito de um velho se apossava dela. A ideia era muito boa, mas a encenação ficou um pouco confusa pois as informações como a morte da avózinha, a transformação da avózinha em bruxa e a possessão da bruxa pelo espírito de um velho se misturam sem muita clareza.

Todos riram bastante da avó que Lohana estava fazendo; realmente era muito engraçada. Lohana usou uma voz diferente para interpretá-la. Já com relação a Walbert, era preciso explorar mais suas falas. Ele tinha um trabalho corporal bem interessante, diferente e criativo, mas sempre ficava com pouquíssimas falas e a timidez ainda o impedia de agir.

GRUPO 3
Marcella, Kellyane, Pedro, Euler e Thalison. A cena ocorria em uma floresta mal-assombrada, a partir de uma mistura de histórias em que era enfatizada *A Bruxinha Que Era Boa*. As crianças pegaram um mapa, colocaram os meninos na Torre de Piche e eles tinham que queimar o livro do bem. Fizeram um trocadilho com a palavra pensamento e cantaram uma música inventada por eles mesmos: Uma História de Piche. Basicamente era a peça já conhecida acrescentada de coisas criadas pelos integrantes do grupo.

GRUPO 4
Herlan, Paulo, Kelly, Liliane e William. Eles eram intrusos que caíram em uma ilha. Na ilha havia um monte de armadilhas espalhadas e escondidas. Também aparecia uma foice que matava todo

mundo. Todos corriam perigo de vida e decidiram sair da ilha. No momento da fuga, eles tinha que estar muito atentos para não morrer. No final, conseguem se salvar e vão embora.

Depois das apresentações, conversarmos sobre as cenas vistas e eu disse que iríamos continuar nesse processo um pouco mais. Quase no final do encontro, pedi que trouxessem garrafas PET no próximo encontro. Com o pouco tempo que faltava para finalizar o encontro, ainda partimos para as brincadeiras livres!

Encontro VII

11.04.2008

A aula foi realizada no teatro 2, porque haveria peça no teatro 1. As crianças trouxeram as garrafas PET, conforme o combinado. Queria explorar a criatividade com elas, mas não sabia o que fazer ainda. No entanto, tinha certeza de que iríamos descobrir algo no meio do caminho. Então, fiz a chamada com nomes de programas de TV. Em seguida, Viviane avisou que tinha esquecido o diário. Disse que ela poderia fazer as anotações do dia também ou entregá-lo à irmã para que ela o fizesse. Lendo meu próprio registro, relembrei tudo o que havia acontecido na aula anterior. Disse que, se na semana anterior eu tinha dado um tema, dessa vez contaria uma história hindu: "O Caminho de Savitri". Durante a contação, fui adaptando alguns pedaços, mas repeti, várias vezes, frases como "tudo tem o seu tempo" – achava que era uma forma de fazê-los guardar essas informações para o resto da vida – e trechos que destacavam a importância de ser inteligente, de estudar as coisas da escola e da natureza, as estrelas, o tempo, entre outras. Quando cheguei no momento em que as deusas falavam sobre a morte de Satyavan, todos ficaram bem quietos. Houve um silêncio artístico na sala.

No entanto, tive o cuidado de comentar que Yama, o senhor da morte, era uma pessoa boa, que simplesmente estava cumprindo sua missão (na realidade, isso ficava bem claro na história, mas não podia esquecer de que a morte, para as crianças, era um tema obscuro). Em seguida, dividi a turma em quatro grupos, expliquei que podiam fazer qualquer pedaço da história e, se quisessem, também poderiam usar as garrafas.

GRUPO 1
Lohana, Victória, Marcella, Walbert, Natasha e Gabriel. Eles usaram a escada, fizeram um corredor com as garrafas e Marcella fez a personagem masculina Satyavan, conforme havia me pedido antes. Esse grupo apresentou o momento em que Satyavan morre e aparece Yama, o deus da morte, para levá-lo. Victória fez Savitri, e Lohana e Walbert fizeram os deuses. Gabriel e Natasha fizeram os pais de Savitri. A apresentação ficou muito boa com a exploração das garrafas na cena, que formavam um corredor. Esse corredor era o caminho da morte.

GRUPO 2
Pedro, Kellyane, Kelly, Paulo e Liliane. Fizeram o início da peça em que Savitri ainda é pequena e o guru Narada tenta ver qual será o destino dela. Ela brinca com amigas e sabe que seu destino não é naquele reino. Ficou muito bom. Pedro e Kellyane foram os reis, Kelly interpretou Savitri, Paulo fez Narada e Liliane representou a amiga de Savitri.

GRUPO 3
Herlan, Carol, Alex, Lucas e Vanessa. Fizeram um caminho com tule e garrafas. O grupo queria transmitir a ideia fantasiosa contida na história, e tentaram passar essa informação por meio do cenário. Estava lindo, mas o espaço para eles atuarem ficou pequeno. Montaram também o momento em que Satyavan morre e chega Yama para levá-lo.

GRUPO 4

Thalison, Euler, Viviane, Willian e Larissa. Fizeram o início com o pai, a mãe e a princesa. Mostraram apenas as brincadeiras de Savitri com seus amigos e a preocupação dos pais com o destino da filha. O maior trabalho do grupo foi com o cenário. Eles montaram as garrafas PET de maneira diferente: com fita crepe, uniram uma a uma. O trabalho foi grandioso e eles não estavam preocupados com o tempo; queriam cuidar do cenário. Tiveram pouquíssimo tempo para ensaiar.

Pequena Observação

Quando uma história é bem contada, a imaginação da criança voa, ela entra num mundo mágico e é isso que a faz se entregar tanto para a feitura da cena ou, à exemplo dos grupos que se apresentaram nesse encontro, para a feitura do cenário. Os alunos queriam reproduzir o que se passava na cabeça deles, construindo a cena o mais próximo possível da sua imaginação. E existe no grupo uma contaminação positiva com relação a esse estado criativo. Ao observar o colega e ser observado, a criatividade vai aumentando.

Prosseguindo...

Senti que precisava conversar com Kelly. Ela já está com quatorze anos. Na semana anterior, ela dormiu na hora da roda e, dessa vez, dormiu de novo. Depois, no momento do ensaio, ficou sentada o tempo todo. Parecia que não estava na aula. Precisava pensar em um desafio para dar a ela. O tempo voou, mas, no final, pedi que guardassem as garrafas e tudo o que tínhamos feito para aumentar a criatividade no próximo encontro.

Encontro VIII
18.04.2008

Quando cheguei, as crianças, que já estavam correndo, tinham entrado no teatro 1, onde estava sendo montada uma peça. Chamei todos para a sala oito, expliquei que só poderiam entrar no teatro se estivessem comigo e perguntei o que fariam se algo acontecesse com eles ou com alguma coisa. Enfatizei que nem tinha dado boa tarde, mas já estava dando bronca porque não gostava dessas atitudes. Perguntei o que eles poderiam fazer até a minha chegada e eles responderam que deveriam ficar sentados me esperando. Pensei: como crianças vão ficar sentadas esperando a hora de começar a aula? No entanto, não queria que elas ficassem achando que poderiam entrar em qualquer lugar da escola, porque havia materiais de peças de outras turmas. Os mais antigos sabiam que não podiam mexer, que algo poderia sumir ou quebrar, mas os novos ainda não tinham essa consciência.

Em seguida, fiz a chamada com nomes de livros que eles já leram ou que pretendiam ler. Herlan pediu que a parte da brincadeira fosse dada no começo da aula. Eu disse que tudo bem. Não tinha clara a questão de a brincadeira ser no começo ou no final da aula com essa turma. Às vezes eles nem queriam brincar, partiam direto para as cenas e o teatro se tornava a própria brincadeira!

Viviane leu o diário que continha um belo registro detalhado das duas semanas que ficaram sob a responsabilidade dela. Comentei que estava muito bom e ela passou o diário para Victória. Ainda avisei na roda que, como fora combinado na semana anterior, haveria um tema e eles teriam que criar tudo da cena. Era importante cumprir todos os combinados com os grupos, para que os integrantes aprendessem a cumprir os seus próprios acordos com a vida. Fomos para a brincadeira escolhida, "Bruxo e Anjo", e, depois de vinte minutos, chegado o momento das cenas, dei o tema: Uma Mentira Que Parece Verdade. Alguns olharam sem entender nada.

Então, perguntei o que a frase queria nos dizer e, pausadamente, fui explicando. Por fim, Kelly sugeriu um tema para cada grupo. Perguntei: o porquê e ela disse que eu poderia ver a "cara do grupo" e lançar a proposta. Achei ótima a ideia e segui a sugestão. Portanto, teríamos quatro grupos e quatro temas. Dei um tempo para o ensaio e avisei que deveriam ser usadas as garrafas PET como elemento de criatividade nas cenas. Nesse ínterim, Herlan veio avisar que estava com enjoo. Pedi que fosse tomar um pouco de água e, caso continuasse, faria um soro caseiro para ele. Passado um tempo, perguntei se havia melhorado e ele disse que sim.

GRUPO 1
Larissa, Thalison, Lohana e Euler. Tema: Aí, Eu Acordei! De forma resumida, a história mostrava umas meninas que haviam chamado seus amigos para dormir na casa delas. A mãe serviu um lanche e foi dormir. Os adolescentes tomaram o lanche e depois foram dormir também. Todos dormiram no mesmo espaço. Durante o sono profundo, a mãe soltou um pum fedido que fez Thalison desmaiar. No outro dia, quando ele acordou, pensou que tinha apenas sonhado com o pum, mas depois, pelo comentário dos outros adolescentes, entendeu que tudo tinha acontecido de verdade. Em seguida, a mãe das meninas levou todos para passear. Após a apresentação, pedi ao grupo 2 que apontasse os aspectos positivos e que desse sua contribuição ao grupo 1. Todos ficaram mudos, então eu disse: *Pessoal, do que vocês gostaram na peça deles?* Foi aí que entenderam o que eu queria saber. Disseram que gostaram de tudo, que era engraçada, mas que o grupo precisava ensaiar mais o final da peça (eis a contribuição!). Sabia que era importante usar o vocabulário das crianças, mas também era importante fazer com que elas aprendessem novas palavras, para aumentar seu próprio repertório.

GRUPO 2
Carol, Kellyane, Paulo, Natasha e Alex. Tema: Uma Mentira Que Parece Verdade. Uma professora dizia aos alunos que ia ter uma

festa à fantasia em sua casa e convidou todos os alunos. Kellyane, que fazia uma das alunas, ouviu a professora dizer que era tudo mentira. Então, Carol, que interpretava a professora, saía rapidamente e se transformava em outra personagem, a mãe da professora, e contava toda a verdade aos alunos. Carol, fazendo a mãe da professora, mudou a voz e ficou muito bom.

Diante da cena, senti que também precisava dar um desafio maior para Kellyane. Ela estava no projeto há um bom tempo e, no momento, seu desenvolvimento também estava estacionado. Depois, o grupo 3 falou sobre os aspectos positivos e sobre o que era preciso desenvolver melhor. Mas também disseram que tinham gostado de tudo e que o cenário havia ficado bem legal. Então, perguntei: *Por que a professora resolveu mentir?* Mas eles não souberam responder. A história ficou boa, engraçada com a personagem da mãe da professora, mas o enredo ficou fraco.

GRUPO 3
Kelly, Willian, Herlan, Vanessa e Gabriel. Tema: Num Reino Distante. Um traidor abandona sua família enquanto a esposa estava muito doente e precisava de dinheiro para sobreviver com os filhos. O traidor tinha outra família em outro reino e lá ele se tornou rei, além de ter uma filha. Um dia, a filha do rei traidor foi raptada pelos membros da família que ele abandonou. Eles queriam um resgate para soltá-la; assim, poderiam cuidar da mãe doente. No final, a rainha abandona o rei porque ele já tinha uma outra família.

O grupo 4 disse que gostou da criatividade da montagem do carro, feita com bancos. Falamos ainda sobre família, abandono e erros que cometemos na vida.

GRUPO 4
Marcella, Pedro, Lucas, Liliane e Viviane. Tema: De Repente Apareceu um Bicho Gigante. Havia um circo na cidade. Então, o mágico avisou que ia sair um coelho de sua cartola, mas apareceu um bicho gigante detrás do banco. Todos saíram correndo, acharam que fosse

um sonho, mas não era. Por fim, o mágico transformou o monstro num coelho. A entrada do circo ficou bem interessante; eles usaram uma música de celular para anunciar o mágico.

Em seguida, o grupo 1 falou a respeito dos aspectos positivos da cena. Enquanto comentavam a ideia do monstro que aparecia detrás do banco, de repente duas pessoas começaram a falar juntas, sem parar, sobre a cena vista. Elas mesmas pediram silêncio para poder concluir seus pensamentos, mas depois a bagunça recomeçou. Durante o ensaio, já tinha pedido, várias vezes, para que parassem com as conversas paralelas. Natasha chegou a falar no celular no meio da aula e eu tive que guardá-lo comigo. No meio dessa bagunça, Pedro ainda veio me perguntar se iria ter peça à noite no teatro. Falei que o foco não era esse no momento. O assunto eram os comentários a respeito da cena dos colegas. Houve silêncio e eu pedi uma roda, na qual comentei sobre tudo que havia acontecido desde a chegada deles na escola. Perguntei se aquilo era uma postura; se algum combinado havia mudado; e como poderíamos querer que o outro nos respeitasse se nós mesmos não nos respeitamos. Saíram todos em silêncio. Eu sempre colocava as conversas na primeira pessoa do plural para que eles entendessem que eu faço parte do grupo. Assim, mesmo inconscientemente, teriam a ideia de que formávamos uma unidade: o grupo, no qual o que cada um faz ao outro, faz a si mesmo.

Encontro IX
25.04.2008

Cheguei à escola as 14h45. A maioria, no momento em que me viu, se sentou nos bancos. Pedi desculpas pelo atraso e fomos direto para a sala oito. Na roda, recebi a informação de que Thalison e Alex não viriam mais, porque tinham saído do Clube de Mães para ingressarem no Centro de Juventude. Depois falei a todos que estava bem cansada, porque, na reunião da manhã, eu e os demais professores tínhamos realizado uma atividade puxada. Essa informação era dispensável, mas gostava que soubessem que sou "normal" como eles e, mesmo estando cansada, queria estar ali com todos, devido ao significado de compromisso! Em seguida, fiz a chamada com lugares de passeio e, na sequência, pedi que relembrássemos a aula passada com a leitura do diário de bordo. Victória contou todos os detalhes do último encontro, inclusive o momento das broncas. Depois, passou o diário para uma pessoa que, como ela mesma disse, gostava muito (sua irmã Marcella). Também lembrei que, além de contar uma história, segundo nosso combinado, decidiríamos qual seria o rumo que tomaríamos nesse ano. Kelly deu a ideia de refazermos as histórias que já tínhamos feito – as duas que contei e os temas sugeridos. Perguntei ao grupo o que achavam e todos concordaram. Então, ficou acertado qual seria a condução do nosso dia. A turma se dividiu em quatro grupos. Comentei que nunca havíamos feito personagens caipiras e todos bateram palmas. Disse que quem quisesse poderia usar nas cenas. Perguntei a cada grupo que cena gostaria de fazer, e ficou assim:

1. A Bruxinha Que Era Boa: Herlan, Marcella, Victória, Vanessa e Gabriel. Fizeram a peça toda em cinco minutos. Marcella, com duas personagens, em um momento fazia uma fala regional e em outro momento usava o inglês básico.
2. E Aí, Eu Acordei: Carol, Lohana, Paulo, Walbert e Natasha. Fizeram um sonho do circo mágico. Paulo, bem concentrado, fez o homem bomba. Carol, como sempre, foi criativa nos cenários.
3. De Repente Apareceu um Bicho Gigante: Willian, Larissa, Kellyane, Kelly e Lucas. A cena ocorreu em um lugar onde aparecia uma grande teia de aranha. Willian trazia Lucas no cangote e ambos interpretaram amigos assustados.
4. Um Lugar Desconhecido: Viviane, Liliane, Pedro e Euler. O grupo se encontrava em determinado lugar na rua e cada um trazia seu linguajar. Viviane fazia sotaque carioca, enquanto

Pedro introduzia o sotaque espanhol e Liliane o de nordestina. Euler não falou nada. Nesse grupo, a exploração do sotaque ficou mais forte do que a história em si. As pessoas da cena estavam procurando um lugar para morar.

Em dado momento das cenas, fiz uma personagem que tanto chamava a atenção para o silêncio quanto fazia comentários. Eles se divertiram muito com minha improvisação. Ainda estava escolhendo o que eles iriam trabalhar como história, mas, a partir das interpretações, já sentia quais temas poderia explorar, sem contar que, dessa forma, também trabalhávamos a criatividade nas cenas e no cenário, para o qual buscávamos outros caminhos para a utilização de recicláveis. Em seguida, ressaltamos os pontos positivos e o que cada grupo poderia melhorar. Enfatizei que quando alguém fala, o outro escuta. Carol emendou: *Quando um burro fala o outro abaixa a orelha!*

No final, batemos palmas para as ideias e contribuição de cenário dada por Carol, e para Paulo, que, desde que entrou no projeto, foi a primeira vez que fez tudo sem bagunçar nem atrapalhar os colegas. Todos concordaram e ele ficou bem feliz. Depois, ao perguntar qual seria nossa peça, Kelly deu a ideia de misturar todas as histórias dentro do circo. Carol sugeriu que o mágico poderia falar palavras mágicas e os bruxos apareceriam e aí começaram a surgir as ideias... O dia foi bem produtivo!

Encontro x
09.05.2008

Fiz a chamada com nomes de coisas encontradas em um circo. Como Viviane, Lohana, Marcella e Victória trouxeram materiais sobre o tema, eu os separei e formei quatro grupos, para os quais pedi que lessem e fizessem uma cena.

GRUPO 1

Marcella, Lohana, Natasha e Liliane. Marcella leu o material que ela mesma trouxe sobre contorcionismo, e os integrantes do seu grupo começaram a executar os exercícios que ela lia. Lohana fez um movimento bem difícil. A cena terminou quando Marcella finalizou todas as modalidades de contorcionismo.

Natasha veio me falar novamente sobre uma dor de cabeça. Então, tirei o elástico que prendia seus cabelos e, mais tarde, perguntei se havia passado. Ela disse que sim.

GRUPO 2

Victória, Lucas, Larissa e Kelly. Victória era a apresentadora do circo. Larissa era a personagem Piolho, que pulava o tempo todo, e os outros artistas queriam acabar com o piolho; Lucas era a personagem Carequinha, que Kelly, a mágica, transformava em elefante.

GRUPO 3

Carol e Herlan. Representaram o momento em que os artistas estão ensaiando o malabares e depois o momento em que vão para o picadeiro na hora da apresentação. Tudo dá certo, graças ao ensaio.

GRUPO 4

Viviane, Gabriel, Pedro e William. Eles foram trabalhar no circo. Já eram profissionais, mas cada qual vinha de um circo diferente. Logo, no momento da apresentação do show, no mesmo picadeiro, dois apresentadores começam a brigar para ver quem falaria ao microfone com o público. O atirador de facas descobre que não tem alvo, sempre erra a pontaria e está muito nervoso para o momento de sua apresentação. Na hora do show, somente uma menina consegue recitar um poema. Dessa forma, cada um apresentou seu trabalho.

Ao final, perguntei quem poderia me dizer, com suas próprias palavras, o que é o circo. Victória falou que, além de legal, nele tinha contorcionista. Viviane disse que, conforme tinha lido, o circo surgiu em 1800. Marcela complementou, dizendo que ele surgiu na Eurásia e se desenvolveu na China. Em seguida, dividi a turma em três grupos e dei os temas:

GRUPO 1
Natasha, Liliane, Lohana, Willian e Herlan. Tema: O Circo e o Mistério. Lohana é a cantora do circo, e fala com sotaque francês. Numa noite, traz uma prisioneira para o circo no meio da escuridão e some. O detetive Mikey é chamado pelo dono do circo, Sr. Momo. O detetive resolve revistar o circo inteiro e encontra a prisioneira. Ela diz que quer trabalhar no circo como bailarina. Mikey está soltando a prisioneira, quando chega a polícia e o leva preso. No entanto, a melhor cantora sumiu.

GRUPO 2
Carol, Larissa, Kelly, Pedro e Gabriel. Tema: O Circo e a Comédia. Eles dormem e viajam para outro lugar, para um circo que tem uma menina cujo nome é Repete. O circo apresenta muitas atrações, mas a mais importante é a menina que tem um problema na fala. Ela só sabe repetir o que os outros falam. Ela sofre muito com isso, mas o circo ganha muito dinheiro com ela. O sonho dela é conseguir dinheiro para fazer um tratamento e se livrar desse problema.

GRUPO 3
Viviane, Victória, Lucas, Marcela, Vanessa e Euler. Tema: O Nascimento do Circo em Outra Época. Uma professora pede para que seus alunos imaginem um lugar. Eles abaixam a cabeça e começam a cena, num lugar misterioso, que tem um leão enjaulado. Eles descobrem que o dono do circo é mau, então cantam e o dono do circo morre por causa da música. Durante a cena, coloquei uma música e fui aguçando a imaginação do grupo, propondo, a cada instante, algo diferente, causando sensações de amor, medo e aventura.

Depois das cenas, perguntei o que significava a coreografia do primeiro e do terceiro grupo. Liliane, que fazia balé, prontamente disse que era uma dança na qual quem mandava era a música. Viviane, por sua vez, disse que a coreografia de seu grupo era um conjunto de movimentos. Então, juntei os grupos para que criassem os primeiros passos para uma coreografia. Dessa forma, desenvolveria o aprendizado de outras linguagens. Na sequência, Lucas Sabino fez um robô muito bom. Perguntei quem mais sabia fazer aquele robô e Walbert e Euler se prontificaram. Os três ficaram mostrando suas habilidades ao grupo.

Encontro XI
16.05.2008

Fiz a chamada com feriados e datas festivas; cantamos parabéns para o Walbert; dividi a turma em quatro grupos para montar uma coreografia; e, em seguida, pedi que juntassem coisas e ideias da semana passada com outras novas. Todos os grupos trouxeram o movimento robótico que Lucas tinha proposto na última aula. Depois da apresentação, avisei que iniciaríamos a peça com a ideia da cena apresentada na semana passada em que aparece uma professora. Todos gostaram e fui colocando cada grupo, segundo seu querer, dentro do espaço de atuação. Ficou dessa forma:

- Cantora – Lohana;
- *Break* – Lucas e Walbert;
- Dono do Circo – Willian;
- Apresentadora – Kellyane;
- Bailarinas – Liliane, Victória, Vanessa, Larissa e Natasha;
- Atirador de Facas – Herlan e Kelly;

- Equilibristas – Marcella e Viviane;
- Palhaços – Paulo, Euler e Carol;
- Mágicos – Pedro e Gabriel.

Ensaiamos a coreografia da peça duas vezes. Cada equipe fez suas demonstrações e, então, pedi que montassem as cenas.

1. BAILARINAS: As meninas falavam: *Alguém viu? Alguém viu? Cadê as roupas de bailarina e a maquiagem?* As bailarinas precisavam se arrumar para a apresentação. Estavam todas experimentando as roupas (tules e TNTs) e se arrumando para o espetáculo. Elas demonstravam que gostavam de algumas e não de outras.

2. PALHAÇOS: estavam treinando a cena em que derrubam a bandeja. Fazem a cena de um modo muito engraçado. Porém, muito atrapalhados, a cena ficou poluída, sem informação concreta.

3. DONO DO CIRCO, APRESENTADORA E CANTORA: O circo precisava de uma atração internacional e chamaram a grande cantora francesa. O dono do circo e a apresentadora fizeram as contas e contrataram a cantora, embora ela reclamasse do valor.

4. ATIRADOR DE FACAS E EQUILIBRISTAS: enquanto o primeiro procurava as facas, os equilibristas chegavam para se arrumar para o espetáculo. O Atirador revela que seu pai, quando vivo, era um excelente atirador de facas, mas ele próprio não tinha nenhuma vocação para isso. Os equilibristas sugerem que ele faça algo que goste de verdade.

5. MÁGICOS E *BREAK*: Todos apareciam ensaiando seus números para a apresentação. Os mágicos saem para comprar alguma coisa. Entram os meninos do *break* que avistam o livro de magia do mágico. Depois, os mágicos chegam e arrumam uma cilada mágica para os meninos.

No final, falei que estava feliz porque todos tinham explorado a criatividade em cena na construção das personagens e no cenário. Enfim, perguntei como poderíamos usar nossas garrafas PET nesse ambiente. Enquanto pensavam, pedi a Willian e Marcella para que buscassem as garrafas, e eis que voltam com a notícia de que as garrafas tinham sumido. Então, perguntei ao grupo se poderia ter sido o ladrão do circo que tinha sumido com elas. Lohana disse que o ladrão as roubou para vender. Em seguida, fomos para o momento livre das brincadeiras.

Encontro XII
30.05.2008

Iniciamos o dia cantando parabéns para Lucas, Euler e Gabriel. Fiz a chamada com coisas que fazem parte de uma festa de aniversário. A leitura do diário foi feita por Gabriel, que o passou para Liliane. Em seguida, fomos para a sala seis assistir a um DVD do grupo Circo Fractais, que eu tinha ganhado de uma aluna. Mas a bagunça se instalou. Então, para buscar o silêncio antes de assisti-lo, pedi que cada um pensasse no seu próprio silêncio, só no seu e não no do outro. A sala ficou calma. Graças a isso, eu disse que, se cada um fizesse a sua parte, ajudaria o grupo inteiro e, sendo assim, cada um era responsável pelo bom andamento do grupo inteiro. Depois, coloquei o DVD. O material extra do DVD, que falava do grupo, auxiliou bastante a imaginação e o entusiasmo dos alunos. Logo, me certifiquei de que precisava alimentar a imaginação e o universo circense das crianças, e eu tinha tempo para isso. Prosseguindo, perguntei a todos o que acharam do grupo e se tinham ideia de como os integrantes do mesmo faziam todos os movimentos apresentados. As crianças falaram de disciplina e determinação. Perguntei o que tinha de parecido com o nosso trabalho; Lucas

Sabino disse que eles davam as mãos e gritavam antes do início do show. Outro falou que eles se divertiam e trabalhavam ao mesmo tempo. Era importante ressaltar o lado bom das coisas, porque assim podíamos ter sempre esperança. Queria que eles tivessem esse pensamento em mente, porque a vida em grupos como o Circo Fractais é bem árdua.

De volta à nossa sala, pedi que fizessem os grupos do último encontro. Repeti a síntese das histórias que havia anotado, ressaltando que deveriam aumentar mais as cenas e acrescentar a contribuição do Circo Fractais. Solicitei ainda que ensaiassem, porque depois iríamos escrever as cenas. Feito tudo o que combinamos, ensinei a brincadeira "Viúva Negra". Também disse que poderíamos usar essa brincadeira na cena dos mágicos e eles ficaram bem felizes. A apresentação ficou assim:

BAILARINAS: começaram a cena cantando "tomo banho de lua" e literalmente estavam se banhando sob a lua. Elas inseriram a ideia de trabalhar com uma boneca de pano na apresentação, mas perderam a sequência da cena que apresentaram na semana anterior – aquela onde estavam se arrumando para a apresentação e que algumas não gostavam das outras. É necessário descobrir por que elas não se gostam? Onde estão as roupas das bailarinas? Alguém pegou? Por quê?

PALHAÇOS: para lembrar a gag (expressão usada para designar cenas conhecidas dos palhaços que são usadas de geração a geração, e outras cenas criadas) do balde, inseriram a brincadeira de jogar água no público. Para representar a água, jogaram papel picado. Eles se ajudaram no final. Muito boa lembrança.

DONO DO CIRCO: a personagem de Willian queria ter um circo e foi pedir emprego no circo da cidade. Observei a postura dele em cena, e ao final lancei uma pergunta para ele pensar: *Como se portar numa entrevista de emprego?*

MÁGICOS E BREAK: enquanto os mágicos vão comprar um CD para usar na apresentação do novo número, o livro de mágica some. Mas como os *breakers* não eram empregados dos mágicos, ocorre um duelo de magia. Na apresentação anterior, os mágicos aprontam com os meninos do *break*. Nesse dia, eles resolveram mudar a história, não queriam perder novamente o duelo. Porque no teatro tudo é permitido, eles, sendo dançarinos, também sabem magia.

ATIRADOR DE FACAS: O atirador de facas não aguenta mais trabalhar atirando facas e errando. Não quer mais ser vaiado pelo público e então planeja o roubo do circo.

O tempo voou, não houve comentários, mas realizamos tudo, conforme o combinado.

Encontro XIII
06.06.2008

Fiz a chamada com nomes esquisitos, tanto com nome de pessoas quanto inventados. Liliane me avisou que tinha esquecido o diário de bordo. Mas como ela também me falou que sua mãe iria trazê-lo no final da aula, li meu registro pessoal. Partimos para a coreografia que na semana anterior não havia dado tempo de fazer. Passamos duas vezes só para não esquecermos a sequência. Marcella veio me dizer que não queria fazer a malabarista. Concordei, porque não iríamos definir as personagens ainda. Mas avisei que só teríamos mais três aulas. Eles protestaram, já que não queriam férias. Dei risada e falei que eu queria! Em seguida, escolhi quatro pessoas para cenas:

- *Grupo Liliane* – A contratação da cantora;

- Grupo Gabriel – O atirador de facas;
- Grupo Vanessa – Os palhaços;
- Grupo Euler – As bailarinas e os *breaks*.

Expliquei que cada um deles seria responsável pelo assunto determinado e quem quisesse fazer qualquer uma das cenas, entraria aleatoriamente nos grupos. Assim, fui perguntando quem gostaria de fazer o que em qual grupo. Kellyane me avisou que já tinha feito a cena da contratação e iria para outra. Ficou assim:

GRUPO 1: Gabriel, Willian, Herlan e Larissa. Fizeram uma cena de um teste para cantores, mas cada cantor que se apresentava era pior que o outro.

GRUPO 2: Euler, Carol, Paulo, Walbert e Natasha. Encenaram a ideia sobre um ladrão no circo que roubava o dinheiro e ia para Barcelona curtir as férias.

GRUPO 3: Liliane, Pedro, Kelly, Viviane e Marcella. Fizeram o cenário deles com os tules e o TNT, mas não ensaiaram direito; a cena ficou bem fraca, tendo em vista todo o processo.

GRUPO 4: Vanessa, Lucas, Kellyane, Lohana e Victória. Improvisaram uma situação de ensaio de peça em que deveriam fazer uma dança.

Em seguida, distribui folhas de sulfite para montarmos um RPG (Role Playing Game – Jogo Dramático Aplicado). Expliquei o exercício, dei diversos exemplos, mas falei que deveriam combinar a história antes de responder às seguintes perguntas: quem, onde, qual era a missão, o empecilho e o final. O RPG era muito bom para auxiliar as cenas sem dinâmica ou sem acontecimentos claros, porque ele ajudava a pensar em caminhos para torná-las interessantes. Logo depois, criaram diversas improvisações interessantes a partir dessa brincadeira. Então, no final, perguntei se tinham entendido que era importante sempre acontecer algo nas histórias. Disseram que sim.

Encontro XIV
13.06.2008

Avisei que na próxima semana seria a estreia da minha peça e eu não poderia estar com eles. Então, defini com todos como seria nosso último encontro do semestre e a ideia de cenário. As crianças formaram grupos aleatórios, para montar o seu cantinho de cenário com o material que eu havia trazido (crepom, durex, fitilhos, fita crepe, papel de seda etc.). Pedi aos grupos que explicassem como seria o cenário, que chegassem a uma conclusão sobre ele e só depois partissem para a execução do mesmo. Nesse momento, foi interessante ver como todos observavam a sugestão dos outros para, em seguida, a integrarem em sua ideia inicial. No final, a sala estava extremamente colorida, com as cores intercalando o que eu acreditava ser o fundo do palco. Nesse momento, frisei que todos os grupos tiveram mais ou menos a mesma ideia e que isso era legal, porque estavam pensando nas mesmas coisas. Em seguida, pedi para Viviane fotografar os trabalhos com o celular e guardar as imagens para o próximo semestre. Mas havia uma pergunta que não queria calar! *Será que alguém poderia me explicar por que iríamos montar a história do circo?* Após um breve silêncio, insisti com a pergunta:

– Porque é engraçada.
– Porque a gente dá risada.
– Porque as pessoas vão dar risadas.
– Eu gosto de fazer palhaçada.
– Marcia, a vida precisa de um pouco de alegria.

– O mundo tem muita tristeza e a gente vai alegrar as pessoas.
– Tem muito assalto.
– Tem gente morrendo.
– E vocês querem se divertir e divertir as pessoas também? – perguntei.
– É!
– Muito bem! Com tantas respostas interessantes, vamos encerrar com uma brincadeira livre para todos ficarem felizes! – propus.

Enfim, férias!

Encontro xv
22.08.2008

Reiniciamos as aulas. Havia dezoito crianças e, entre elas, cinco eram novas no projeto: Gabriele, Vitória, Victor, Igor e André. No entanto, a funcionária do Clube das Mães veio me dizer que Victor e Igor não queriam ficar. Disse a ela que obrigados não ficariam, mas que eles poderiam experimentar e, caso não gostassem, não precisariam vir nos próximos encontros. Os meninos ouviram e ficaram na porta da sala, fazendo charme, dizendo fico ou não fico. Então, eu disse que queria começar a aula e um ficou olhando para a cara do outro. Perguntei se eram gêmeos. Disseram que não. Expliquei que parecia, porque um não fazia nada sem o outro.

– Então vou entrar – disse Victor.
– Também vou entrar – repetiu Igor.
– Tá vendo, você faz tudo o que eu faço – reclamou Victor.
– Então, eu não fico – respondeu Igor.

Tive que intervir, dizendo:

– Fica sim! E, não é por causa dele, não. Ele só está enchendo. Se você não gostar, tudo bem, aí vai embora.

Às vezes é importante perceber o sistema instalado e tentar criar um desequilíbrio. Na situação dos dois meninos na porta, um dava força ao outro no lado contrário à harmonia do grupo. Então, coloquei um em oposição ao outro (com a minha fala: porque um não fazia nada sem o outro). Assim, separei o que estava junto, pelo menos momentaneamente.

Os dois, que eram bagunceiros, foram para a roda. André chegou depois de todos; perguntei se ele estava atrasado e se tinha vindo sozinho do clube. Ele respondeu que não era do Clube das Mães, mas que tinha sido meu aluno há anos e que na época montou a peça *Aurora da Minha Vida*. Lembrei-me dele na hora e fiquei feliz com sua presença. Ele contou que tinha ido morar com o pai em Guarulhos, mas que agora tinha voltado a morar com a mãe. Perguntei se estava próximo da escola e ele disse que morava no bairro da Liberdade. Completou que não era longe e que viria a pé. Discordei, mas a família de Sabino, que também andava muito, disse que não era tão longe assim.

Em seguida, me apresentei aos novos alunos enquanto os antigos, para mostrar que já eram da casa, demonstravam intimidade com o ambiente e comigo. Falei sobre os combinados, sobre a chamada que era feita com perguntas diferentes a cada encontro e sobre o que era o diário de bordo. Carol ainda relembrou que todos deveriam me esperar para entrar na sala. Depois, Kellyane, que tinha ficado com o diário nas férias, leu o que aconteceu no nosso último dia e o passou para Gabriela. Expliquei à nova aluna que ela deveria ler o que estava escrito no diário todo, visse como os demais tinham feito, criasse um jeito próprio de escrever e, se quisesse, colocasse ou fizesse desenhos. Assim, ela não sentiria a pressão de fazer, logo no primeiro dia, algo que ela não soubesse.

Marcella e Victória disseram que estavam ansiosas para apresentar a dança que ensaiaram nas férias para colocar na peça. Pedi para algumas crianças explicarem aos novos qual era a nossa história e sobre o que estávamos falando. Victória falou a respeito da coreografia das bailarinas, falou dos mágicos, palhaços e que o dono do circo avisava que o show iria começar. Então, lembrei que nos últimos encontros havia acontecido algo: Marcella tinha falado que teve um roubo no circo e que a culpa era do atirador de facas e do equilibrista, que queriam ser os novos donos do lugar.

E surgiu uma importante questão. Como fazer a escolha de personagens?

Precisava levantar uma relação de funções dentro do circo e deixar que eles escolhessem. No semestre passado, eu disse que não gostava muito do atirador de facas, porque ele parecia ser muito agressivo. Na internet, busquei uma história curta sobre o circo, e o professor Wanderlei Martins me emprestou um livro em francês com algumas figuras. Mas preferi guardar tudo para a próxima semana, pois, primeiro, queria dar uma olhada e ver quais imagens poderia aproveitar.

Na roda, falei que iríamos fazer uma brincadeira. Todos ficaram felizes; em seguida, peguei a corda para pularmos. Depois de vinte minutos, pedi que Marcella e Victória fossem se arrumar para a apresentação que queriam fazer. Quando as vi, não acreditei: tinha sapato, figurino, xale e até leque. Além de tudo, as meninas ainda me entregaram um CD para que eu colocasse a música, e foram se posicionar. A apresentação foi muito boa! Então, pensei que elas poderiam organizar uma equipe, na qual todos iriam aprender a dança flamenca e adquirir novos conhecimentos. Ainda perguntei à turma se a dança poderia fazer parte da nossa peça e todos concordaram que sim. Depois, escolhi quatro adolescentes para formarem os grupos, intercalando meninos e meninas. Disse que o tema da improvisação seria O Roubo do Circo, já que fizemos muito pouco essa improvisação no semestre passado. André se manifestou:

— Na época dos grandões, era mais fácil. Muito mais bagunça...

Na época em que ele frequentava o projeto, a maioria tinha a mesma idade e todos eram adolescentes. Ele, por sua vez, era menor. Agora "ele" era o adolescente. Talvez quisesse encontrar adolescentes para "fazer parte".
Respondi que era verdade, no entanto completei:

— Mas esses aqui também são bem bagunceiros, você vai ver.

Ele foi para o grupo dele. Talvez quisesse demonstrar saudades! Em seguida, avisei a todos que daria nota à apresentação das cenas e ao cenário. Por quê? Acreditava que essa era uma maneira de eles mesmos medirem se sua cena ficou completa, com começo, meio e final. Nesse sentido, poderiam avaliar se todos tinham participado e se o cenário ajudava ou não a cena. Também era uma maneira de eles melhorarem na próxima vez.

GRUPO 1

Willian, Marcella, Kellyane e Euler. Quando foram se apresentar, reparei que não tinham cenário algum. Perguntei:

— Nossa! Você não tem cenário?
— É que é muita solidão, Marcia — respondeu Marcella.

Não perguntei na hora, mas quis saber mais tarde o que ela queria dizer com aquilo.
Na improvisação, alguém dizia que tinha uma novidade. Euler dorme com o dinheiro roubado debaixo da cabeça, mas é encontrado. Então chamam o detetive e todos colocam os óculos (adorei). O ladrão era mudo e acabava capturado! A novidade era que o ladrão era mudo e, por isso, nunca fazia barulho.
Dei nota A para a apresentação, pois a história estava completa, com começo, meio e fim. O cenário também ganhou A porque,

apesar de não ter nada, eles utilizaram a imaginação muito bem, nos fazendo acreditar nos ambientes. Então, perguntei a Marcella por que o cenário era de muita solidão. Ela respondeu que solidão também era legal. Enquanto o outro grupo preparava a próxima cena, perguntei se o cenário deles também seria de solidão.

— Nós vamos tirar um pouco a solidão, Marcia — disse Gabriel.

GRUPO 2
Carol, Gabriel, Vanessa e Liliane. Fizeram os melhores ladrões do mundo. Os palhaços ensaiavam alguma história mal contada em partes, na qual cada um falaria uma coisa. Liliane ficou com vontade de ir ao banheiro na hora do ensaio e eles acabaram colocando essa situação dentro da própria cena (muito bom). Ela foi ao banheiro e Gabriel aproveitou essa situação real para esconder Carol e Vanessa. Quando Liliane retornou do banheiro, queria saber onde estavam as amigas Carol e Vanessa, e Gabriel ficou improvisando com ela um tempo como se fosse cena do ensaio antes de mostrar onde elas estavam escondidas. Eles acabaram usando isso na apresentação. Percebo que precisava trabalhar mais com Gabriel, que ficava andando e falando, sem parar e sem necessidade. A história ficou um pouco confusa e perguntei ao grupo por quê. Disseram que estavam fazendo duas personagens. Perguntei à sala qual sugestão teriam para dar e ajudar os colegas. Marcella e Kellyane falaram a mesma coisa: precisavam de figurino para diferenciar uma personagem da outra. Dei nota B para a cena e A para o cenário.

GRUPO 3
Viviane, André, Victor, Igor e Vitória Carolina. Viviane avisou que o cenário deles não teria solidão. Quanto à história, de forma resumida, os palhaços ensaiavam malabarismo. Mandaram o palhaço Zangado levar todo o dinheiro para guardar no cofre. Enquanto isso tiraram uma folga e foram comer. Houve o barulho de um

salgado sendo aberto, porque era um salgado de verdade que eles comeram em cena.

— Mas o Soneca sumiu, e agora?

Acabei rindo, porque até então o nome de um dos palhaços era Zangado, e me veio à cabeça como seria um palhaço zangado. Mas sei que eles estavam usando o nome das personagens de Branca de Neve. Igor e Victor, os meninos que não queriam entrar na aula no começo do encontro, fizeram tudo direitinho e eu disse à sala que, mesmo com três alunos novos (Vitória Carolina também era aluna nova), o grupo deu às falas boa projeção e articulação, e mereciam aplausos. Todos bateram palmas! Dei nota A tanto pelo empenho de todos na apresentação quanto pelo cenário. Às vezes, a pessoa, para desabrochar, precisa somente de um incentivo no início, e um caminho a seguir.

GRUPO 4
Herlan, Victória, Lohana, Larissa e Gabriele. Em cena, dois intrusos entravam no circo. Os artistas estavam conversando entre si, perguntando como foram as férias. (Mesmo os artistas precisam de férias.) De repente, os intrusos roubam o circo e tentam fugir. São agarrados pelos funcionários. Descobrem que um dos intrusos acredita que o dinheiro é seu por direito. Lohana diz:

— Olha, sua mãe te abandonou, mas nunca te ensinou a roubar e seu pai sempre foi bom.

Subitamente, Lohana achou um motivo para cantar uma música inventada na hora, de puro improviso. (Como sempre, ela é ótima.) Os intrusos devolvem o dinheiro e pedem um emprego no circo.

Quase no final da aula, deu tempo de relembrar a coreografia que começamos no semestre passado. Fizemos uma vez com o pessoal antigo para os novos assistirem e, depois, na segunda passada, entrou todo mundo. Depois, entreguei a ficha informativa e ainda perguntei, principalmente para os novos, o que tinham achado do dia:

– Gostei, só que eu acho que tinha que ser levado mais a sério. Gostei das atividades. Não estou falando diretamente. Teatro não é brincadeira – disse André.
– Gostei quando pegamos as fantasias e fizemos a peça – falou Igor.
– Gostei de pular corda, da fantasia e de quando fizemos a peça – acrescentou Victor.
– Gostei do teatro e de pular corda – respondeu Gabriele.
– Achei ótimo, corda e peça – enfatizou Vitória.

Então, perguntei para os demais como foi voltar de férias:

– Muito legal. Fiquei com muita saudade – respondeu Liliane.
– Eu estava com ansiedade – disse Marcella.

Encontro XVI
29.08.2008

Como eles começaram o dia falando de briga de cães na rua, fiz a chamada com nomes de cachorros. Na roda, Larissa falou que Victor tinha atrapalhado a aula passada e, por isso, a professora do clube proibiu que ele fosse ao encontro daquele dia. Eu disse que isso não era certo, porque ele não tinha feito nada de mais na aula e se apresentou direitinho. Além disso, o que acontecia na aula de teatro nós tínhamos que resolver ali mesmo e não em outros lugares, do mesmo jeito que o que acontecia no clube deveria ser resolvido lá e não na minha aula. Igor explicou que a bagunça de Victor tinha sido no clube e que a professora o havia proibido de participar das outras atividades. Portanto, não tinha nada com o teatro. Tínhamos também mais uma pessoa nova no grupo: Eduarda.

Em seguida, a leitura do diário foi feita pela Gabrielle, que disse tudo o que havia acontecido na aula anterior do jeito dela. Quanto às fichas informativas, apenas três pessoas levaram. Eu disse que era importante ter algum registro deles na escola porque, além de não termos nada com relação a isso, caso precisássemos, teríamos para onde ligar à procura deles. Então, todos ficaram de trazer a ficha na próxima aula. Depois, dividi a turma em cinco grupos. Escolhi por sorteio quem ficaria com quem. Porém, como todos os novos ficaram juntos, decidi desmanchar um grupo e, dessa forma, ficaram só quatro. Os próprios grupos deveriam escolher as personagens para a turma. E, assim, cada um foi opinando sobre quem achava que deveria fazer o que, algumas vezes até perguntando para as pessoas do outro grupo o que elas queriam fazer.

Abri a roda e fui enumerando pessoa por pessoa, de acordo com os votos. Mesmo assim, dei liberdade para que dissessem se queriam ou não ficar com a personagem escolhida. Caso alguém não quisesse ficar com determinada personagem, poderia dizer qual gostaria de fazer. Aos novos, disse que poderiam experimentar a personagem e, caso não gostassem, poderíamos trocar. Aparentemente todos já sabiam o que cada um queria fazer e, dessa forma, não tivemos problemas. Em seguida, contei que teríamos uma professora que nos ajudaria na construção do palhaço e que Renata Kamla (outra professora já conhecida por alguns) iria nos emprestar alguns textos com cenas. Aproveitei a situação e mostrei algumas imagens do livro do professor Wanderlei Martins. Olharam calmamente, deram risadas de algumas figuras e Victória Villar comentou que era engraçado ver uma família de palhaços japoneses. Depois disso, organizei a turma em equipes de trabalho, para as quais pedi que construíssem cenas já com suas personagens. Fui buscar a sacola de tecidos (uma sacola que tem vários tecidos e tules além de objetos diversos que podem ser usados na cena e principalmente aguçar a imaginação), mas Kellyane veio me falar que não queria mais fazer o apresentador (talvez porque Herlan também o havia escolhido e o interpretou muito bem). Sugeri que ela experimentasse fazê-lo com Herlan para ver o que acontecia antes de dizer não. Depois, caso não quisesse mesmo, tinha todo direito de mudar. Ela respondeu que iria ver. Trouxe a sacola e todos já sabiam que poderiam usar qualquer coisa e emprestar aos demais colegas no ensaio e na apresentação das cenas. Todos colaboraram nesse instante. A divisão dos grupos, dos papéis e das cenas ficou assim:

PALHAÇOS:
Carol, Viviane e Igor. Enquanto eu me lembrava que precisava providenciar bolinhas para eles, Fernando, que estava do meu lado, disse:

– Parece a bandeira da Costa do Marfim.
– Onde? – perguntei.
– No chão.

Vi apenas os tecidos de TNT que o grupo tinha posto no chão para compor o cenário. Então, perguntei quais eram as cores da bandeira da Costa do Marfim, e Fernando respondeu:

– Laranja, branco e verde.

Eu quis saber aonde ele tinha aprendido isso e o menino respondeu que tinha sido na segunda série, enfatizando que aprendeu muitas coisas lá. Chamei o pessoal e disse:

– O Fernando quer falar algo para todo mundo aprender.
Fala, Fernando, para todo mundo aprender o que você sabe.
– Essas são as cores da bandeira da Costa do Marfim – disse ele.

Ninguém sabia, nem eu!

APRESENTADOR:
Willian, Kellyane, Lohana e Herlan. Willian, que representaria o dono do circo, Sr. Momo Morais, estava muito nervoso porque ia reabrir o circo depois de tanto tempo, para trazer alegria ao público. Herlan, Kellyane e Lohana estavam se organizando para a troca de apresentador nos momentos do show.

BAILARINAS
Eduarda, Gabrielle, Vanessa, Larissa e Liliane. Todas eram pequenas e novinhas, e ficariam muito bem de bailarinas na peça. Além de curta, a cena já era conhecida, mas estava interessante. A bailarina diz:

– Piedade, dona, ajude-me!

Ela cai e recebe um remédio para bailarinas loucas. No entanto, a dona nota que ela tem cheiro nas axilas e começa a fazer propaganda desse fato. Quanta imaginação!!!!!

FLAMENCO
Marcella e Victória

– Hoje não tem solidão – disse Marcella.

Começaram o ensaio da coreografia flamenca. Marcella trouxe o sotaque espanhol para a personagem.

MÁGICOS
Gabriel e Pedro. Pedro caminhava, mas quando colocava os óculos algo acontecia, embora ele não soubesse o que. Gabriel tinha que falar mais alto, e falava muito rápido também, de modo que, às vezes, a gente não entendia o que ele dizia. Em cena, ambos ficavam falando e não acontecia nenhuma ação. No final da apresentação, apontei o que estava ocorrendo e eles perceberam, mas como precisava ajudá-los, fiz um pedaço da cena para que eles

pudessem observar o que eu estava dizendo. Então, os dois disseram que iriam tentar melhorar.

É importante o educador se colocar em cena algumas vezes para se fazer entender, ou melhor, para ajudar as crianças a encontrar soluções para os problemas. Nessa cena, estava claro que Pedro gostaria que acontecesse algo interessante ao colocar os óculos, mas ele mesmo não sabia explorar esse fato, por isso nada acontecia na cena. Ao fazer trechos da cena com eles, fui dando subsídios para que eles pudessem começar a explorar.

Quase no final da aula, ainda brincamos de "Bruxa e Anjo" antes de irmos para casa. Eles adoram e nunca se cansam dessa brincadeira. Eu também gosto muito.

Encontro XVII
05.09.2008

Em roda, fiz a chamada com CEPs (cidade, estado ou países). Havia mais três pessoas novas: Guilherme e o casal de irmãos, Luana e Lucas, que eram gêmeos. Falei novamente sobre os combinados que tínhamos na sala para que ficasse claro para os novos. As crianças do clube disseram que Lucas e Guilherme são muito bagunceiros. Então, disse que quem só sabia atrapalhar não tinha o direito de ficar no grupo. Mas na realidade pensava ao contrário. Aquele que bagunçava era o que estava pedindo mais ajuda. Tinha que ajudá-lo a canalizar sua energia de maneira positiva sem perder a espontaneidade. Sempre acreditei que qualquer pessoa, criança ou adulto, quando está diante da figura do professor, de alguma forma e em algum momento iria pedir limites – me ajude, me oriente. Acreditava tanto nisso que, às vezes, sabia que a pessoa estava pedindo para que eu chamasse sua atenção.

Victória propôs que brincássemos de "Mocinhos da Europa". Mas como todos já estavam falando de "Bruxa e Anjo", eu disse que, se desse tempo, no final, faríamos mais uma brincadeira. Após o término da atividade, fomos aos grupos.

1. *Grupo das Bailarinas*: onde coloquei a nova aluna, Luana.
2. *Grupo dos Dançarinos de* Break: nesse dia juntei-os ao grupo dos palhaços para que criassem uma nova cena.
3. *Grupo dos Mágicos*: onde coloquei os dois novos alunos, Lucas e Guilherme.
4. *As irmãs do Flamenco*: juntei-as ao apresentador e ao dono do circo, para criarem uma nova cena.

Herlan, os irmãos Sabino e Liliane haviam faltado. Sandra, mãe da família Sabino, tinha ligado para avisar que estava no hospital com Viviane, que tinha machucado o pé na escola e não poderia trazer os demais. Herlan faltou porque sua mãe estava internada, mas eu não sabia por que, já que era muito raro ele falar no assunto.

A apresentação das cenas começou de forma aleatória:

GRUPO 2
Os *Breakers* estavam ensaiando uma nova coreografia e precisavam de um novo parceiro; então, apareceu um palhaço que queria aprender. Acharam esquisito um palhaço dançar, mas depois aceitaram. O palhaço só fazia movimentos engraçados.

Pedi que Marcella falasse coisas legais sobre a cena apresentada. Ela disse que tinha gostado bastante, porque o palhaço era bem animado, mas que podiam ter falado mais alto e explorado mais a criatividade. Perguntei se a turma tinha alguma ideia criativa para dar aos colegas. Kellyane disse que tinha que ter algo inesperado e Marcella sugeriu que eles poderiam falar que o palhaço ia tentar fazer certo.

GRUPO 1
Surgiu um diálogo entre as bailarinas:

– Acorda, acorda. Já arrumou sua cama?
– Não vou arrumar nada, vou dançar – elas ficavam improvisando o que lhes vinha à cabeça naquele instante.
– O que é isso? Um barraco? Você é maloqueira? Acorda para a vida!

Tocava uma música e elas desligavam o aparelho de som. Eu havia colocado a música da "Bailarina", interpretada pela atriz Lucinha Lins, mas não coube na situação da cena. Ficou tudo confuso. Como todas as meninas pequenas estavam juntas, faltou algum acontecimento na cena e uma definição melhor da história que queriam contar. Perguntei a Pedro o que viu de interessante e ele respondeu:

– Uma queria dançar o "k" e outra o crew. (Confesso que na hora não entendi, mas depois percebi que o trocadilho se referia a "nada com nada".)
– O cenário estava bem bonito – disse Marcella.
– Elas falaram alto – frisou Victória.
– Mas todas falaram ao mesmo tempo – observou Gabriel.

GRUPO 3
Os mágicos iriam dar uma aula para os novos alunos. Os dois mágicos começam a falar sem parar e os novos não abrem a boca.

– Esse meu amigo faz um monte de palhaçada, mas não é palhaço. Ele é mágico. Prestem atenção!
– Que apareça uma moça – falou Lucas.

Eles trouxeram uma cena do programa de TV *Zorra Total*.

– Jaca não pode; maçã pode!

Resolveram fazer um piquenique, mas a jaca estava podre e tinha bicho. Ao final da cena, perguntei, direcionada para a plateia:

– William, o que achou da cena?
– Gostei da fala, "jaca não pode, maçã pode".
– Gostei porque eles acabaram comendo moscas. Mas Gabriel falou muito rápido – frisou Walbert.

Entre uma cena e outra, disse a Pedro e Gabriel que gostaria que eles explorassem mais a construção da cena, em vez da construção da fala. Perguntei se iam tentar ou queriam ajuda? Eles responderam que preferiam a ajuda. Então, disse que na próxima cena ajudaria, mas eles iriam criar também.

Há momentos em que a criança realmente não sabe como sair da situação em que se encontra. É nesse instante que o professor deve estar atento para auxiliá-la e, nesse caso, foi preciso construir a cena junto para fazer com que a criança enxergasse o caminho mais à frente. Ter sensibilidade para entender que o aluno precisa de auxílio é uma atitude benéfica tanto para a criança quanto para o educador.

GRUPO 4

Na história, Momo Morais tinha necessidade de uma nova sapateadora. Precisava contratar. Surgem duas candidatas. Elas são esnobes, mas ele aceita as novas artistas. Eis alguns registros do diálogo:

– Precisamos de uma sapateadora.
– A apresentadora não sabe sapatear.
– Tem um pobre ligando pra mim.
– Elas são esquisitas.
– Vamos ensiná-las.
– Chama o Moranguete.
– Não me chama de Moranguete, meu nome é Momo.
– Vamos querer um cafezinho.

– Você tem que ter movimentos femininos.
– Estão contratadas.

Quando perguntei o que haviam achado dessa apresentação, Pedro disse que tinha gostado da cena, que tinha começo, meio e fim. Acabou mais um dia cheio! Ufa!

Encontro XVIII

12.09.2008

Fiz a chamada com nomes de brincadeiras diversas. O diário foi lido por Luana, que depois o passou para Fernando. Na sequência, pedi os nomes que seriam colocados no livrinho da Mostra (os nomes artísticos!). Alguns trouxeram fotos de peças passadas e o questionário que eu havia solicitado na semana anterior. Os mais antigos perguntaram quando seria a foto para o livrinho. Disse que ainda tínhamos alguns dias. A professora que iria nos ajudar na construção dos palhaços da peça tinha chegado. A euforia tomou conta da sala, mas eu avisei que todos deveriam participar para aprender coisas novas. Então, apresentei a professora Giseli Ramos, que iria passar os princípios do *clown*. Ela foi dizendo, logo no começo, que o palhaço tinha que ser divertido.

– Ele tem que trazer alegria para o coração – completou Lohana.
– O palhaço tem que ser ingênuo e ridículo. Vocês sabem o que é ser ingênuo? – perguntou Giseli.
– Ele é igual criança. Não tem vergonha – respondeu Carol.
– Como é o palhaço que vocês já viram? – questionou Giseli.

Diversas crianças falaram de perucas, da maquiagem e do sapato enorme. Gisele prosseguiu:

– Para o palhaço, tudo o que ele faz é normal. A gente é que acha engraçado. O nariz dele é a máscara.
– Eu não acho que é assim – falou Walbert.
– É sim. O nariz é sagrado. Sabe o que é sagrado? – perguntou Giseli.
– É algo importante – disse Carol.
– Tem que pôr o nariz escondido dos outros. O que é um picadeiro? – interviu Giseli.

Todos ficaram em silêncio e Giseli explicou:

– É o círculo que tem no meio do circo, no qual acontecem as apresentações.
– Ah! Já sei o que é. É o palco deles – ressaltou Carol.

Após o bate-papo, Giseli deu um nariz para cada criança; ficaram de costas em roda e os colocaram. Só que a agitação tomou conta; eles queriam conversar, mostrar para os colegas, pedir ajuda, alguns elásticos quebraram no início. Era o sagrado deles! Depois, fizeram alguns exercícios já com os narizes colocados – andando normal, em câmera lenta, como animal, dançando com partes do corpo, dançando em duplas... Então, Giseli propôs um desafio em que, ao som de uma música, cada um deveria andar com os passos que quisessem até que chegassem à frente de todos, momento em que teriam que fazer o "seu melhor". Alguns fizeram poses bonitas. Em outros, imperou a vergonha. Mas todos se arriscaram a fazer. Em seguida, houve uma conversa sobre o que fizeram, e todos gostaram muito. Avisei que teríamos mais um encontro com a professora para explorar a criatividade. Giseli se despediu e todos bateram palmas pelo encontro. Depois, é claro, que comentei que alguns estavam saindo da criatividade e partindo para a bagunça gratuita. Tinha percebido isso e disse que eles deveriam aproveitar o momento. Então, pedi uma cena, na qual deveriam colocar alguma coisa que aprenderam do trabalho.

Na apresentação dos grupos, Vitória foi grosseira durante a cena de um dos colegas, dizendo que não havia graça no que ele fazia. Quando terminou a apresentação, eu disse ao grupo e a ela diretamente que o mais importante não era ter ou não ter graça, mas sim que a pessoa fizesse algo que ela guardou de informação do exercício. Enfatizei também que o respeito ao colega era a coisa mais importante e que nós deveríamos respeitar as pessoas, o jeito de fazer de cada um e seus limites. Em seguida, perguntei como tinha sido o encontro:

– Foi muito legal. Uma experiência de circo de verdade – respondeu Lohana.

– Gostei. A gente riu bastante e aprendeu coisas novas – disse Kelliany.

– E vai aprender mais – completou Walbert.

– Influenciou bastante. coisas novas sobre os palhaços – falou Marcella.

– Foi uma delícia – frisou Larissa.

– Foi muito legal. Queria que todos os dias fossem assim – salientou Lucas Lima.

– Muito legal – disse Fernando.

– Tive bastante dificuldade em usar o nariz, mas foi legal aprender – disse Victória.

– Da hora – respondeu Lucas Sabino.

– Uma experiência diferente – falou Carol.

Perguntei ainda se alguém poderia pesquisar preço de perucas em lojinhas. Depois, Carol, Lohana e Marcella vieram comentar que estavam preocupadas com o tempo para ensaio. Disse a elas que daria tudo certo. Enfim, cantamos parabéns para Lohana. Que dia!

Encontro XIX
19.09.2008

Quando encontrei as crianças, elas me informaram que Herlan não poderia mais vir aos encontros porque sua mãe estava internada. Achei estranho porque a mãe dele já havia sido internada outras vezes, ao longo dos anos, e ele nunca deixou de vir. Depois, quando chegamos à sala, Willian, que era o melhor amigo de Herlan, confirmou que ele não viria mais, mas também não sabia explicar por quê. Também já tinham me falado que Fernando não havia escrito nada no diário. Fiz de conta que não sabia e iniciei a chamada com coisas de cozinha. Na sequência, disse que tinha chegado o momento da leitura do diário de bordo e pedi para Fernando começar.

– Eu trouxe o diário, mas não escrevi – respondeu.
– Por quê, Fernando? – perguntei.
– Eu estava doente e não deu pra escrever – falou.
– Mas agora você já está bom? – eu questionei.
– Já estou.
– Então você vai levá-lo para casa de novo e relatar o que aconteceu na semana passada e o que vai acontecer hoje também. Mas como eu também faço o meu diário, sei o que aconteceu e nós vamos relembrar, enquanto verifico se não faltou alguma coisa.

Todo mundo foi falando e, aos poucos, lembraram de tudo o que aconteceu. Depois, como a professora Renata Kamla tinha me emprestado o livro *Palhaços*, escrito por Mario Fernando Bolognesi, li duas esquetes: a Cena do Jornal e a Cena da Bomba. Eles riram bastante, mas a intenção era de ajudá-los na construção das cenas. Partimos, então, para o esqueleto da peça. Começamos com a Cena da Escola, seguida pela coreografia inicial.

Como Marcella e Viviane eram as mais velhas e precisavam de desafios, pedi que ajudassem na elaboração da junção de cenas e ainda perguntei se poderiam chegar mais cedo na próxima aula para construírem as falas da professora a partir dos trabalhos sobre o circo. Disseram que chegariam às 13h00. Walbert perguntou se poderia vir também. Concordei, desde que fosse para ajudar.

Disse a Viviane que na Cena da Escola ela seria a professora e todos os demais seriam seus alunos. Em seguida, pedi que fizessem o posicionamento idêntico ao da construção da cena feita pela primeira vez. Marcella e Viviane foram ajudando, mas, no começo, ficou bem confuso, já que todos queriam ficar na frente, perto da professora. Então, Marcella observou que os maiores deveriam ficar atrás. Decidi que faríamos dessa forma e ficou mais harmônico. Em seguida, anotei os lugares de cada um, para não esquecermos.

Professora: Viviane
1ª Fileira: Vanessa, Victória Villar, Liliane, Luana, Larissa e Euler.
2ª Fileira: Gabriela, Guilherme, Lucas Silva, Gabriel e Eduarda.
3ª Fileira: Fernando, Lucas Sabino, Victoria Carolina, Pedro e Walbert.
4ª Fileira: Marcella, Carol, Igor e Kellyane.
5ª Fileira: Willian e Lohana.

Disse que, após a coreografia, faríamos a primeira Cena do Circo, na qual o Sr. Momo contrataria a cantora (Lohana) e, em seguida, partiríamos para a primeira Cena das Bailarinas. Mas Giseli chegou. Então fomos para o segundo dia de trabalho da criação do *clown*. Ela propôs um exercício em que, a partir da roda, um de cada vez iria para o centro, dançaria e todos copiariam. Enquanto iniciavam a atividade, fui procurar narizes para Liliane e Viviane que tinham faltado na última aula. Mas acabei encontrando também alguns outros objetos que poderiam ser interessantes para a construção de cenas (um chapéu antigo, um chocalho e uma corneta). Quando voltei, já estavam no último comando da dança. Porém, ainda tinham que colocar o nariz, andar e simular, ao mesmo tempo, tristeza, felicidade, sono, frio, calor, alegria, sede, fome, vontade de espirrar, vontade de fazer xixi, vontade de soltar pum, entre outras sensações. Em seguida, um dançou com o outro, mas fisicamente longe, apenas mantendo os olhos no parceiro. Depois Giseli explicou o que era triangulação e ainda fez a aplicação do exercício, destacando a reação ao objeto e à fala do outro. Seguimos assim até o final da aula, momento em que todos bateram palmas. Agradeci o trabalho realizado por Giseli, dizendo que estava nos ajudando muito e que a turma poderia se sentir livre para usar o que aprenderam nas cenas.

Encontro xx
26.09.2008

Conforme o combinado, algumas crianças chegaram às 13h00 para elaborar o texto do início da peça. Fiquei bem feliz com o compromisso; vieram vários e todos ficaram sentados nos bancos ajudando na construção. Depois, em sala, fiz a chamada com nomes de músicas. Na sequência, perguntei sobre o diário, mas Fernando disse que tinha esquecido. Questionei se não era desculpa por não ter escrito nada. Ele disse que não, frisando que tinha registrado os dois dias e até gostado. Então, disse que anotasse o dia de hoje também, mas que não esquecesse o diário na próxima semana, para dar oportunidade a outra pessoa de escrever também. Parti para a divisão dos núcleos e pedi que cada grupo fizesse a primeira Cena do Circo.
    Gabrielle e Eduarda me disseram que queriam ser palhaças. Mas, se deixasse, todos iriam querer mudar por influência do trabalho de *clown*. Disse a elas que iria pensar, porque queria o mesmo número de pessoas em cada grupo. Portanto, se elas saíssem do grupo das bailarinas, ele ficaria só com duas meninas. Frisei ainda que poderiam fazer coisas engraçadas no grupo e, se depois ainda quisessem mudar, resolveria. Em seguida, Euler e Walbert vieram me perguntar se poderiam colocar algumas brincadeiras nos

dançarinos de *break*. Disse que poderiam experimentar para verificarmos como ficaria. Logo após, pedi aos grupos que ensaiassem as três cenas da peça. No entanto, sabia que precisava ajudar o grupo dos meninos da mágica que, além de não ter nada de concreto, estava desfalcado, porque Gabriel havia faltado. Como bolinhas de tênis foram compradas pela coordenadora Débora, pedi a Pedro que criasse uma cena com Viviane, que no circo seria malabarista. Mas como Willian também mostrou sua habilidade, disse a ele que poderia ensinar Viviane a usar as bolinhas, porque esse seria o desafio dela no semestre. Então, dividi a sala em cinco espaços com fita crepe e os grupos foram se ajustando.

Pedi que Kellyane fizesse uma cena sozinha, porque tinha que dar um desafio maior a ela, como havia me proposto no começo do semestre. Sugeri, então, O Sonho de Aprender a Dançar! Assim também poderia aproveitar as habilidades que Marcella e Victória Villar trouxeram com o sapateado. Em seguida, pedi que Willian também fizesse uma cena intitulada A Família, na qual deveria falar sobre a história do Sr. Momo. Prosseguindo, pedi aos grupos cenas do começo do espetáculo e do meio, quando os artistas do circo ainda estariam treinando, e da apresentação do circo. Na realidade, tinha armado essa sequência para ajudar na construção lógica de cada grupo.

Nesse encontro, ainda tivemos a visita da pequena Selene, de seis anos, filha da professora Laura Lucci. No início, ela estava bastante envergonhada e não desgrudou de mim nenhum minuto. Depois foi se soltando ao ver as pessoas trabalhando e até pediu para tirar os sapatos e as meias, como todos faziam no começo das aulas.

Começo do espetáculo – Primeira Cena

GRUPO 1.
O Sr. Momo precisa contratar. Aparece uma nova artista para a vaga, mas ela é cantora; ele quer contratar uma sapateadora. Algumas falas que surgiram:

— Precisamos contratar uma sapateadora para o circo e você me traz uma cantora?

— Meu sonho é aprender a dançar — diz Kellyane.

Pensei comigo mesma: "Só isso, Kellyane? Vamos explorar!" Surge em cena outra candidata (Lohana), que já chega cantando. Todos batem palma e Momo completa:

— A cantora é uma baiana arretada!

Percebi que eles trouxeram os sotaques do começo do ano.

GRUPO 2.
As bailarinas estão se arrumando. Elas são bagunceiras. Não acham as coisas delas dentro do quarto. Brigam entre si mas depois conseguem roupas. Quando vestem, começam a se coçar.

GRUPO 3.
Os meninos dançarinos de *break* estão no circo, no camarim deles. Batem à porta. Eles chamam e ninguém atende ou os vê. Alguém de fora da cena gritou:

— Anima aí, Break P. (Depois perguntei ao grupo o que significava Break P. Disseram que era Break Palhaço!).

Quem havia gritado de fora da cena, aparece. Era o palhaço dançarino, que só fazia passos engraçados e tinha perdido seu emprego. Ele volta para consegui-lo novamente:

— Eu quero meu emprego de volta.

GRUPO 4.
Este grupo apresentou a cena dos palhaços ensaiando suas gags para o espetáculo, mas precisavam de ajuda na construção da

cena, porque não ficou interessante o que eles apresentaram nesse encontro.

— Cadê minha roupa? Estou pelado em cena.

GRUPO 5. O artista entra em cena, desesperado, e diz:

— Quem vai fazer malabares comigo?

Outro artista diz:

— Tem um moço procurando emprego aí fora.

Mandam o moço entrar e perguntam o que ele sabe fazer. Ele responde, soletrando:

— Ma-la-ba-ris-mo.

O artista do circo responde do mesmo jeito:

— E eu faço má-gi-ca.

O moço que está procurando emprego informa, ainda, que antes trabalhava em loja de roupas em Higienópolis.

Meio do espetáculo — Segunda Cena

GRUPO 1
Lohana, a cantora baiana arretada, entra em cena no picadeiro e canta para os demais artistas. Ela se apresenta:

— Meu nome é Waldirene com W e vou cantar uma música que trouxe da Bahia, mas ela é ruim.

Começa a cantar e todos reclamam que ela é desafinada.

GRUPO 2
As bailarinas ainda não entraram em cena porque a roupa está coçando. Uma delas lembra que as roupas foram compradas no brechó e que precisavam ser lavadas primeiro. Outra bailarina diz:

– Vamos ensaiar.

GRUPO 3
Os dançarinos de *break* estão tirando uma soneca, o despertador toca, acordam e lembram que precisam ensaiar. Walbert fala:

– Estou com sono, mas vamos ensaiar!

Lucas completa:

– Dormir é bom, faz crescer.

Eles voltam a dormir e deixam o ensaio para depois. Lucas ronca mesmo, bem alto.

GRUPO 4
Os palhaços ensaiam a Cena da Bandeja para não sair errado. Um fica chamando o outro o tempo inteiro. Falam:

– Vamos ensaiar?

Eles ensaiam um pouco, mas ficam rindo das próprias gags

GRUPO 5
Os mágicos perderam o livro de mágicas e não lembram mais como se faz a magia. O mágico diz:

– Temos que fazer para aprender.

O outro, desesperado, fala:

– Eu não sei. Não me lembro mais como é que faz. A apresentação será horrível!!!

Fim do espetáculo – Terceira cena

GRUPO 1
A cantora, na hora da apresentação ao público, decide cantar outra música. Faz sua apresentação e é aplaudida por todos (já defini que ela encerrará o show).

GRUPO 2
As bailarinas apresentam sua mais nova coreografia ao público.

GRUPO 3
As sapateadoras querem mostrar uma grande dança e sapateiam lindamente.

GRUPO 4. Sr. Momo e a apresentadora estão conversando sobre as finanças do circo e falam das dívidas que têm que saldar. Momo pergunta:

– Que horas são? Hora da apresentação!

A apresentadora (Kellyane) responde:

– Hora da apresentação!

Sr. Momo fica desesperado. Se tudo der errado ele estará arruinado para sempre.

GRUPO 5
Os mágicos estão correndo de um lado para outro, desesperados, não sabem a sequência da mágica. Não deu tempo de ensaiar. Eles acreditam que a a apresentação será um fiasco.

Terminamos a aula com dez minutos de atraso, mas tínhamos ainda que passar todas as ideias para começarmos a trabalhar no próximo encontro. Então, fui anotando no caderno um título que resumia o conteúdo das cenas. Perguntei aos grupos se o nome era bom para defini-las, pelo menos por enquanto. Todos concordaram e assim tivemos as seguintes cenas:

1. Sala de Aula.
2. Coreografia: Imaginação ou Mundo do Circo.
3. Dono do circo e apresentadora falam sobre a situação do circo: "Você sabe cantar?"
4. Bailarinas (1ª Cena): "Cadê as minhas coisas?"
5. Break (1ª Cena): "Eu quero meu emprego de volta".
6. Palhaços (1ª Cena): "Cadê minha roupa".
7. Mágicos e Malabaristas (1ª Cena): "Quem vai fazer malabarismo comigo?"
8. Diretor (2ª Cena): "Vamos contratar sapateadoras?"
9. Bailarinas (2ª Cena): O Ensaio.
10. Break (2ª Cena): "Vamos ensaiar um pouco? Quero dormir!"
11. Palhaços (2ª Cena): O Ensaio.
12. Mágico (2ª Cena): "Ele quer aprender malabares".
13. Diretor (3ª Cena): Começa o show – "Tem palhaçada?"
14. Bailarinas (3ª Cena): A Coreografia.
15. Break (3ª Cena): O Show.
16. Palhaços (3ª Cena): Cena do balde.
17. Mágicos e Malabares (3ª Cena): Nome não definido ainda.
18. Diretor: "Fui roubado! "

Fim do encontro!

Encontro XXI
03.10.2008

Fiz a chamada com nomes de ruas. Fernando trouxe o diário, mas somente leu o registro da semana passada que tinha, no máximo, cinco linhas! Então, perguntei se ele não tinha feito o registro das aulas anteriores e ele respondeu que teve problemas. Em coro, os demais se manifestaram:

– Que bonitinho!
– Qual foi o problema? – perguntei.
– Minha cachorra.
– O que tem sua cachorra?
– Ela rasgou as folhas que eu copiei. Eram dez da noite e minha mãe me mandou dormir.
– Hum... Como se chama a cachorra?
– ???
– O nome da cachorra é Mentira – disse Willian.

Todos riram, então perguntei para quem ele gostaria de passar o diário. Fernando respondeu que era para Lucas Lima. Então pedi uma salva de palmas para o menino. Mas Carol já foi avisando:

– Cuidado com a cachorra, heim!

Todos riram novamente e eu percebi como o poder de criatividade, às vezes, nos assustava! Logo após, uma funcionária do Clube de Mães veio avisar que a mãe de Herlan havia morrido na última terça-feira. Não a conhecia, mas fiquei bem triste, porque sabia que Herlan era muito apegado a ela, já que não tinha pai. Então, resolvi mudar o rumo da aula. Pedi para Victória pegar sulfite na secretaria. Em roda, expliquei o ocorrido a todos. Disse também que, em respeito ao nosso colega de teatro, iríamos mandar mensagens de força, esperança e alegria para ele. Logo, poderiam escrever, fazer desenhos ou o que quisessem. Lucas ainda perguntou se poderia fazer uma dobradura e eu disse que sim. Complementei dizendo que, após termos realizado todos os trabalhos, deveríamos entregar tudo ao Willian, que se encarregaria de fazer chegar às mãos de Herlan. Coloquei uma música calma, mas em determinado momento, Marcella pediu para que a tirasse, porque tudo estava muito triste.

Depois, quando terminamos, entreguei a letra da música "O Que É, o Que É?", do cantor e compositor Gonzaguinha. Durante a semana, tinha pensado numa música que pudesse ficar na cabeça deles para sempre, que tivesse uma letra, uma mensagem interessante e uma relação com nosso trabalho. Lohana (cantora), na semana passada, já tinha cantado essa música no momento do show de circo. Como meu *pen drive* não funcionou na sala, enquanto as meninas da secretaria gravavam a música em CD, as pessoas que a conheciam foram ajudando os outros e assim treinamos bastante. Liliane comentou que a mãe dela tinha um CD com a música e que o traria na próxima aula. Então fomos fazer a foto para o livrinho da Mostra. Antes, combinamos que iríamos montar uma imagem bem alegre. Depois, iniciamos o espetáculo. Passamos três vezes o começo (Cena da Escola) mais a coreografia. Notei que eles ainda não tinham claro o entendimento do circo e que sempre eram os mesmos que respondiam às perguntas que eu fazia. No final, ainda disse que todos deveriam falar pelo menos uma vez e, dessa forma, os demais também teriam que dar oportunidade para os colegas se expressarem.

Encontro XXII
10.10.2008

Iniciamos a aula na sala seis, tida, na escola, como a sala de teoria. Todos se sentaram nas carteiras, mas em roda. Expliquei o que faríamos, colocando tópico por tópico na lousa:

- Nome da peça;
- Nome artístico – última rodada;
- Cena do filme *O Circo*, de Charles Chaplin, que professora Renata Kamla havia me emprestado;
- Ensaio da coreografia;
- Ensaio da música final;
- Sinopse.

Em seguida, fiz a chamada com nome de frutas gostosas. Lucas Lima leu o diário de bordo e o passou para o inseparável colega Guilherme. Depois, assistimos a um trecho do filme. Eles riram bastante. Comentaram sobre a maneira como Charles Chaplin fazia suas palhaçadas e sobre o que acontecia no circo. Expliquei que era só um trecho, porque não dava para assistir o filme inteiro. Todos concordaram e, então, partimos para o nome do espetáculo. Eu queria que fosse *O Circo da Alegria*, como eles vinham chamando nos ensaios. Mas, após uma avalanche de sugestões (tivemos doze), venceu o título *O Circo em um Sonho*. Como votação sempre foi votação, venceu o que a maioria quis e eu fiquei tranquila. Depois passamos para a sinopse. Perguntei se sabiam o que era e algumas pessoas foram dando ideias. Defini o conceito de sinopse e a nossa ficou assim:

> Sr. Momo Morais tenta fazer o circo de sua família renascer, só que ele contrata pessoas erradas.
> Venha assistir e divirta-se!

Depois de termos realizado todas as atividades que precisávamos, saímos da sala seis e fomos para a sala de sempre, onde ensaiamos a música de Gonzaguinha. Liliane aproveitou e me deu o CD que havia falado na aula passada. Eu o coloquei para nos auxiliar na hora do canto. Em seguida, dividi os alunos em grupos de cenas e pedi novo ensaio para a criação de mais possibilidades. O grupo de Marcella veio me pedir para ensaiar em outra sala por causa do barulho. Deixei que fossem para a sala quatro. Também pedi que o grupo dos mágicos e de malabaristas fosse para a sala seis, enquanto eu ficava em nossa sala com os demais para ajudar um e outro. Passado um tempo, chamei todos para ensaiar a coreografia final por duas vezes. Por fim, enceramos mais um dia.

Encontro XXIII
17.10.2008

Disse que faríamos um ensaio no teatro 1 e a euforia foi geral. Então, fiz a chamada com presentes inventados para o Dia das Crianças e a leitura do diário de bordo.
  Gabrielle me disse que teria que fazer uma cirurgia e ficaria só com um rim. Perguntei se seria de imediato e ela disse que não. Depois dessa notícia, expliquei que queria aproveitar a oportunidade de estarmos no teatro para passarmos a peça inteira. Portanto, também aproveitaríamos para ver o espaço e arrumar a marcação de cenas. Em seguida, passamos a coreografia inicial para definirmos os lugares. Disse que queria metade da turma de um lado do palco, metade do outro lado, e alguns ao fundo, beirando a rotunda. Aproveitei e pedi que os mais velhos explicassem o que era rotunda. Eles disseram que era aquele pano preto que a gente tinha que fazer de conta que era parede e não podia ficar pondo a mão pra não balançar. Depois, definimos os lugares:

- *Lado esquerdo*: Liliane, Larissa, Gabi, Victória, Marcella, Pedro, Gabriel e Viviane.
- *Lado direito*: Vanessa, Eduarda, Luana, Carol, Lucas Lima, Fernando e Guilherme.
- *Centrais*: Lucas Sabino, Kelliany, Lohana, Euler, Willian e Walbert.

Fizemos também a contagem da coreografia no espaço e marcamos o compasso da música para sabermos o que fazer em cada momento. Aí eu disse para Walbert, Euler e Lucas que precisava tirá-los do local em que estavam. Mas Walbert perguntou por quê. Pensativa, eu disse: *Não sei, continuem aí até eu descobrir!* Na realidade, queria que somente a equipe do dono do circo e a apresentadora estivessem ao fundo, mas essa ideia não daria certo, porque desde sempre Lohana esteve lá por ser a pessoa que dublaria a música da coreografia inicial. Então, também não teria motivo para retirar os meninos.

Depois, quando iniciamos a passada da Cena da Escola, Viviane começou a dizer as palavras que tinha escrito no dia em que fizemos o trabalho de construção de texto, só que estava ficando muito mecânico, sem vida nem informação. Então, retirei o papel da mão dela e pedi para ela imaginar que estava contando algo interessante, um acontecimento, para os colegas da escola. Disse que só assim as pessoas prestariam atenção ao que ela estava falando. Expliquei também que, em casa, ela poderia refazer as falas e colocar do jeito como faria de verdade. Em seguida, pedi aos antigos alunos que marcassem no chão, com fita crepe, o espaço do palco e da coxia. Feito isso, passamos as cenas de um a cinco. No entanto, parávamos tanto para arrumar o espaço quanto para dar ideias. Entre os alunos, Lucas Silva estava enlouquecido, não parava um minuto e ainda entrava e saía das cenas dos colegas. Tive que tirá-lo da coxia e colocá-lo na plateia sozinho para ver se parava. No mais, só deu para fazer isso, e precisávamos de mais tempo!

Encontro XXIV
24.10.2008

Cheguei antes da hora da aula no teatro e os que já estavam na escola entraram comigo. Como ainda não tinha dado o horário, disse que podiam fazer o que quisessem. No entanto, perguntei a Lohana qual era a história da sua personagem. Ela começou a falar sobre a cena da peça. Perguntei novamente qual era a história da vida, do passado da personagem, e ela disse que a personagem tinha trabalhado em outro circo antes. Insisti:

– O que mais?

Como Lohana falou que não sabia, pedi que ela ouvisse a música "A Deputada Caiu", do cantor e compositor Eduardo Dusek. Disse que se gostasse colocaríamos na história e foi assim que criamos a história de Sebastiana, que, além de gritar socorro ao ver a deputada cair da janela, descobriu que tinha vocação para cantar, foi tentar a vida artística e mudou seu nome para Grace Kelly. Embora eu tivesse dado a sugestão de nome, expliquei para Lohana que ela poderia escolher outro, mas a menina o amou. No entanto, ela não sabia dizê-lo e toda hora vinha me perguntar como era mesmo o nome da personagem... Enquanto isso, os outros já estavam ensaiando a Cena da Escola para ajudar Viviane a guardar suas falas; os demais que iam chegando se inseriam no ensaio.

Quando deu o horário da aula, pedi uma roda, na qual fizemos uma promessa igual à dos escoteiros, com a mão direita levantada e tudo, prometendo não bagunçar na hora errada. Eu fui falando e eles repetindo. Recitei um trecho do discurso como se fosse um padre durante a missa, mas depois continuei como em uma novela mexicana. Se fosse um sermão pesado, se tornaria um porre e eu perderia, principalmente, os adolescentes. Mas fazendo de um jeito engraçado, eles saberiam que era de verdade. Em seguida, passamos a coreografia três vezes e ainda inserimos a Posição Bolinha, na qual todos ficavam encolhidos como bola no chão, sem se mostrar. Depois, ainda se transformariam em estátuas. Durante o ensaio, as bailarinas sabiam de tudo sobre a cena delas. Mas a Cena *Break* permanecia sem graça. Então, fiz com que o Sr. Momo os surpreendesse dormindo no momento do trabalho. Como eles levariam um susto, a cena também melhoraria. Na Cena dos Palhaços, fiz uma mudança no título. Em vez de A Minha Roupa Sumiu, seria A Minha Peruca Sumiu. Dessa forma, o que eles faziam com a roupa anteriormente deveria ser feito com a peruca. Montamos a cena sem fala nenhuma e ficou mais engraçado, porque não dava para ouvir Lucas Silva nem Guilherme. No final, perguntei se gostaram, e eles disseram que sim.

Na cena do diretor com as sapateadoras, também pedi para o Sr. Momo ir buscar um café para elas. Assim, poderia desenvolver melhor a cena da Kelliany. No final, O Sonho de Ser Bailarina ficou bem poético, com as meninas dançando em câmera lenta, enquanto Kelliany contava a história da sua personagem, que tinha começado quando decidiu aprender a dançar, e era bem desajeitada na época, atrapalhando as outras bailarinas e chegando até a derrubar o café que o Sr. Momo trazia.

No começo do ano, eu tinha ensinado a brincadeira "Viúva Negra" e havia dito que poderiam fazê-la no espetáculo. Então, relembramos a atividade e ficou definido que ela seria o final da Cena do Show dos Mágicos. Incluímos também uma cena nova para a cantora. Ela criaria uma música para ser cantada no show de circo, mas não combinaria nada com nada. Ficou bem engraçada. Relembramos também uma cena das sapateadoras que tinha sido montada no início do semestre, na qual falavam de desodorantes e florais de Bach, e a incluímos no espetáculo. Para Willian (dono do circo) dei a ideia de mostrar, desde o início da Cena 1, a caixinha na qual ele guardava o dinheiro. Essa caixinha era a que ia sumir na Cena do Roubo. As crianças quiseram saber quem iria roubá-la. No entanto, disse que faria igual nas novelas, em que só sabemos quem é o ladrão no dia da gravação.

Ato falho!

Fernanda, secretária da escola, veio me avisar que anotei tudo como sendo teatro um, mas que, na realidade, meu teatro de apresentação era o dois. Parei, fiquei gelada e me perguntei: *E agora?* Para as crianças, mais do que para os adultos, era de extrema importância ensaiar no local de apresentação para criarem proximidade com o espaço e não acontecer nenhum tipo de inibição no dia do espetáculo. Dessa forma, o poder de criação seria mais estável, porque elas saberiam explorar o espaço. Fernanda me disse que tentaria trocar a data para fazermos no teatro um, mas estava tudo lotado. Restava apenas respirar!

Terminei a Cena 2 de todos os grupos. Depois voltamos ao zero no mesmo lugar (no teatro um). Já tínhamos feito várias alterações nas cenas e, mais do que espaço, precisava saber o que eles tinham registrado das cenas em si. No final, contei meu erro ao grupo e fomos ao teatro dois para conhecê-lo. Ele era mais apertado e não tinha coxia. No entanto, passamos a coreografia inicial e deu tudo certo. Fui embora pensando: *Os velhos fazendo bagunça no teatro, isso seria possível?*

Encontro xxv
31.10.2008

Iniciamos o dia com uma bagunça generalizada. Deixei que ficasse assim um pouco para acalmar os nervos dos agitados. Depois, fiz a chamada com nomes de pessoas com a letra d. A leitura do diário começou a ser feita por Lucas Sabino, mas como ele não conseguia continuar, pediu à irmã Carol para terminar a leitura. Então, ficamos sabendo que suas irmãs haviam ajudado a escrever porque, além de sua letra ser muito feia, ele também escrevia errado. No fim, ele passou o diário para Euler. Em seguida, disse ao grupo que tinha esquecido de fazer os registros referentes ao dia 17 de outubro. Aproveitei para ressaltar que quem fala a verdade não merece castigo! Então, começamos a relembrar os combinados da semana passada:

– Nós fizemos um juramento igual escoteiro – disse Viviane.
– Os antigos estavam fazendo bagunça – comentou Marcella.

– A peça é nossa e teremos que ter respeito – enfatizou Victória.
– A Marcia vai ficar lá atrás e quem vai receber os aplausos somos nós – falou Lohana.
– A gente tem que aproveitar a oportunidade que a escola está dando – salientou Marcella.
– Faltam cinco encontros – lembrou Lohana.
– Eu estou interessada em quem gosta de teatro – disse Marcella.
– Temos que aproveitar o dia de hoje e ajudar o outro – comentou Victória.
– Cada um cuida de si e não do outro, prestando atenção – frisou Viviane.
– Sai capeta que fica atrapalhando a gente – exclamou Carol.
– A gente aprende com o outro – salientou Marcella.
– Só basta a gente ensaiar as cenas – disse Lohana.
– Depois dessas falas todas, não preciso dizer mais nada. Então vamos ao trabalho! – respondi.

Em seguida, passamos as cenas e relembramos o que tínhamos feito. Algumas delas ainda precisavam de cuidado, como a Cena dos Mágicos e a Cena dos Palhaços. Mas também ensaiamos a coreografia e a música de Gonzaguinha.

Encontro XXVI
07.11.2008

Devido a um problema externo, tive que faltar à aula. No entanto, pedi que as meninas da secretaria avisassem as crianças do Clube das Mães e eu mesma liguei para aqueles que tinham me dado o número de contato, para avisar que não ia conseguir chegar à escola.

Encontro XXVII

14.11.2008

Cheguei antes do horário e aqueles que já estavam na escola me ajudaram a levar os livrinhos da Mostra para a sala, onde começamos um mutirão para separá-los em pequenos montes contendo oito deles. Esse é o livro da Mostra Macunaíma que cada aluno recebe para distribuir para sua família, amigos e guardar de recordação. Cada criança recebe oito livrinhos. Depois, já na roda, entreguei os livros para cada um. Todos olharam como a foto tinha ficado, a data e o nome. Fizemos um rápido bate-papo. Expliquei às crianças o que tinha ocorrido na semana anterior para justificar minha ausência e parti para a chamada com nome de animais. Euler fez a leitura do diário e o passou para William. Então, contei que o professor Zé Aires tinha nos convidado para assistir ao ensaio geral de sua peça que estrearia mais tarde, mas avisei que só iríamos se conseguíssemos passar a nossa peça inteira. Em seguida, falei que no encontro do dia descobriríamos quem iria roubar o circo. Disse que faria um sorteio, porque qualquer pessoa poderia ser o ladrão, já que em todas as cenas tinha um dado que incriminava alguém. Assim também resolvi colocar em cada passagem de cena uma pessoa disfarçada com a caixinha do Sr. Momo, mas disse que seria claro que o ladrão não estaria entre esses. Ainda perguntei o que seria feito com o ladrão:

– Vai morrer na cadeia – disse William.
– Vai fugir – respondeu Lohana.
– Mas por que o ladrão roubou o dinheiro?
– Para ficar com o circo para ele – falou Carol.
– Ele precisava do dinheiro pra salvar alguém – explicou Marcella.
– Quem? – perguntei.
– A mãe dele – respondeu Victória Villar.

— O que tinha a mãe dele? – instiguei.
— Estava internada no hospital – salientou Lucas Sabino.
— Nas últimas! – complementou Viviane.
— Então, ele merece morrer na cadeia? – perguntei. Todos disseram que não. Insisti:
— Mas o que fazer, Momo?
— Vai, deixa pra lá – respondeu William.

Disse que deixar pra lá não podia, porque roubo era roubo. Lohana sugeriu que o ladrão trabalhasse de graça no circo. Carol, por sua vez, disse que ele tinha que devolver o dinheiro e ainda prometer que não faria mais isso. Então, falei que deveríamos construir a história do ladrão: ele sempre trabalhou no Circo da Alegria do Sr. Momo, só que sua mãe estava doente e precisava de um remédio muito caro. Assim, ele pegou a caixinha para salvá--la. No entanto, como foi descoberto, confessou tudo e contou o que estava acontecendo em sua vida. Por conhecê-lo, o Sr. Momo resolveu emprestar o dinheiro para salvar a mãe do ladrão. Mas, em troca, o ladrão teria que trabalhar em outros números do circo para poder ganhar mais dinheiro. Ele ainda pediria desculpas e prometeria que nunca mais faria aquilo. Todos aplaudiram! Em seguida, fiz o sorteio, de olhos fechados, para saber quem seria o ladrão. Saiu o nome de Carolina Sabino, que mostrou um sorriso largo. Todos bateram palmas, mesmo os que queriam ser escolhidos. Sorteio é sorteio! Prosseguindo, disse que iríamos montar todas as terceiras cenas de cada equipe e, quando chegasse a hora de revelar o ladrão, todo mundo improvisaria. Montamos a cena final do Circo da Alegria e, depois, ainda fizemos um passadão. Como deu tempo, fomos assistir à peça infantojuvenil de Zé Aires, intitulada *Conto ou Não Conto*.

Encontro XXVIII

21.11.2008

Fiz chamada com nomes de marcas diversas. William leu o diário, no qual o registro era o seguinte:

> ... naquele dia, nós ficaríamos sabendo quem iria roubar o circo e o ladrão era, desculpe, a ladra era Caroline, o motivo de ela fazer isso era sua mãe que estava muito doente, ela pediu desculpa para todos e devolveu o dinheiro. Ela chegou a pedir para ser presa, mas o dono do circo que tem um bom coração não fez isso e deu mais uma chance a ela...

Revelando um Segredo

William já estava no projeto há três anos, mas, quando entrou, por várias vezes tive que colocá-lo somente para assistir aula, porque ele sempre fazia tudo às escondidas e, quando eu não estava vendo, ainda batia nos menores. Ele não faltava, mas estava pedindo ajuda. Fui dura várias vezes e, quando ele disse que não viria mais, disse que era para vir sim. Depois ele criou amizade com Herlan e, de repente, não sei dizer exatamente quando, fui deixando de repreendê-lo para elogiá-lo pelos feitos em cena. Então, passei a pedir que ele ajudasse na construção das cenas dos grupos. Dessa vez quis que ele fosse o dono do circo porque ele precisava de um desafio para se sentir importante e valorizado. Percebi que não haveria oportunidade melhor, já que o menino estaria com todos a sua volta. Aproveitei para trabalhar a questão postural dele também, que vivia sempre com os ombros para baixo e olhar para o chão. Dizia que, como dono desse circo, ele teria que fazer tudo bonito. E aí, quando vejo esse relato no diário, para mim ele estava falando dele mesmo. Para mim, ele está dizendo que tinha um bom coração. Surgiu dele...

Voltando...

Para o encontro, tinha trazido um assistente. O menino Matheus Spagnolo tinha aproximadamente onze anos e seria o sonoplasta no dia da peça. Disse que sua função era a de assistir ao ensaio e me falar se gostou ou não. Acho que ele gostou, porque na cena de Kelliany riu até chorar. Mas eu também ri muito! Na sequência, tive que pedir para quem estava com chiclete guardar ou jogar fora, pois tínhamos cinco pessoas mascando sem parar. Cada um foi se levantando e jogando fora. Nesse instante, expliquei ao grupo quem era o Matheus e partimos para o passadão. Fui colocando as músicas durante as cenas para que o menino sonoplasta fosse percebendo o momento de cada uma. Mas as terceiras cenas dos grupos ficaram fracas e eu pedi a todos que ensaiassem em seus núcleos para melhorá-las. Enquanto isso, passava a sequência para Matheus. Depois senti que as terceiras cenas melhoram um pouco.

Encontro XXIX
28.11.2008

Faríamos nosso ensaio antes do ensaio geral e da estreia que se daria na próxima semana. Como no ensaio geral eu não mexia em nada, caso ainda alguma coisa precisasse de ajuste teríamos a chance de fazê-lo nesse encontro. Na semana anterior, já tinha mexido na Cena das Bailarinas, porque faltava algo interessante. Foi quando dei a ideia de costurarem a roupa, mas como elas só ficavam fazendo fofocas, iriam costurar uma roupa na outra e assim a cena ficaria engraçada. Ajudei também na contagem da Cena Três, na qual elas apresentavam o balé, e que estava errada. Também haviam faltado duas meninas na aula anterior, portanto, dessa vez, as demais deveriam mostrar às que faltaram como tinha ficado a cena. Ensaiei também com os palhaços dançarinos de *break*. A música do show deles era "Kung Fu Fight", uma canção antiga, mas que eles amaram. Comentei que faria apenas dois passadões. Minha preocupação no momento era com Matheus, que precisava pegar a sequência das músicas. O CD da trilha sonora já estava pronto, mas como ele tinha visto o espetáculo somente uma vez, ainda não sabia em que momento soltar cada canção. Então, ele me pediu para copiar a sequência das cenas, porque sabendo o que aconteceria em cada uma, ficaria mais fácil. Dito e feito, ele soltou várias músicas na hora certa! Falei ainda sobre o figurino. Disse que viessem com roupas pretas, porque o cenário seria do mesmo jeito que tínhamos feito no semestre passado; bem colorido. Alguns me perguntaram se poderiam comprar a roupa. Mas como se tratava de um projeto social, nunca pedia figurino nenhum, porque não achava interessante alguns terem uma roupa bonita e outros não, principalmente sendo da mesma turma. Portanto, além da questão estética da cena, a roupa preta deixaria todos próximos uns dos outros. Em seguida, partimos para o ensaio. No final da aula, ainda entreguei a cartinha feita pela escola, que falava a respeito de datas, horários, lanche, higiene e sobre o dia da apresentação. Com o trabalho todo feito, restava apenas ver o resultado!

Encontro xxx
04.12.2008

Eu já tinha mandado o mapa de luz e do cenário para a escola, para não termos problemas na hora do ensaio geral. No entanto, disse à turma que nosso maior problema seria a falta de coxia. Em seguida, ficamos esperando em frente ao teatro, que ainda estava sendo usado por outros alunos que extrapolaram o horário. Por conta disso, nosso cenário e luz também não estariam prontos. Então, enquanto esperávamos, fiz diversas perguntas sobre a peça às crianças. Finalmente, quando entramos no teatro já era quase 15h30. Como o nervosismo não ajudaria em nada, cada um deveria cumprir sua função. Dessa forma fui procurar algumas coisas no baú da escola para as crianças usarem, mas pedi que todos ficassem no camarim, enquanto o iluminador aprontava as luzes. Também deixei uma sequência de cenas fixa na parede para prevenir qualquer eventualidade, e pedi que os mais velhos orientassem aqueles que estariam se apresentando pela primeira vez. Em seguida, iniciamos o ensaio geral. Mas em vários momentos tive que ir ao camarim por conta do barulho. Em consequência disso, só conseguimos realizar uma passada, mas Matheus se saiu muito bem na sequência das cenas. Ele chegou a se confundir em alguns momentos e soltou a música antes, mas isso era simples de corrigir.

Depois, combinei com a turma que, no dia da apresentação, todos deveriam chegar às 17h00, já de banho tomado, alimentados e com o lanche na bolsa. Iríamos nos arrumar e ficaríamos na escola até as 22h00.

Encontro XXXI
05.12.2008

Imaginem minha surpresa quando saí da reunião às 13h00 e Walbert já estava no corredor. Perguntei:

— Walbert, você já chegou? Mas está muito cedo. Você almoçou?

— Não tenho nada pra fazer em casa – respondeu.
— Mas você vai ficar fazendo o que aqui? Quer almoçar?
— Não – disse Walbert.

Tive que sair por um minuto e, quando voltei, ele já não estava mais lá. À tarde, quando perguntei o que tinha feito, ele disse que tinha ido à casa de um amigo.

Os demais que foram chegando por volta das 16h30, perguntavam se ainda dava tempo para fazer mais uma passada antes da peça. Eu disse que, se fizéssemos tudo rapidamente, daria sim. Então, eles foram para o camarim se aprontar e conseguimos fazer a passada. Foi bom para eles. Depois, já no início do espetáculo, falei do projeto, da parceria que existia com o Clube de Mães, das crianças que faziam teatro há anos e das crianças que se apresentariam pela primeira vez.

A peça teve 55 minutos. Todos estavam felizes em cena e eu também, que sempre me sentia realizada quando eles mostravam domínio sobre o que estavam fazendo, principalmente durante qualquer nova criação que acontecia. Eles sabiam que isso era possível, porque tinham a sequência na cabeça. Mesmo quando Matheus colocou uma música errada, eles improvisaram em cima da situação, enquanto tentavam resolver o problema na coxia, para que o público não percebesse.

Antigamente, sempre pedia que alguém ficasse na coxia; eu mesma já fiquei várias vezes para que eles não fizessem bagunça. Dessa vez, Marcella chegou a pedir, por duas vezes, que eu colocasse alguém lá. Mas eu disse que não ia pôr, pois as pessoas que já faziam teatro sabiam que não era para fazer bagunça e os novos iriam aprender. É claro que tivemos alguns momentos no qual o barulho aumentava, mas para mim era importante que eles aprendessem a resolver seus problemas sozinhos, porque era por eles mesmos que estavam trabalhando, por mais ninguém. Os novos não entenderam isso no começo, mas ainda irão aprender mais com o decorrer do tempo.

Depois do espetáculo, vários pais vieram me agradecer. Eram pais que acompanhavam o meu trabalho há anos. Pessoas que sem querer faziam parte da minha história e eu da delas, porque aprendíamos, crescíamos e envelhecíamos juntos sem, muitas vezes, ter mais do que meia dúzia de palavras sobre o tempo ou as faltas. Eles me considerava parte da família deles e isso me emocionava!

Encontro XXXII
12.12.2008

Era dia de festa. Todos trouxeram salgados, doces e refrigerantes. Enfeitamos a sala com papel crepom e tule, decoramos também a mesa e a porta. Na apresentação da peça, Herlan, que já tinha voltado para São Paulo, foi assistir aos colegas e eu disse a ele que, se quisesse participar da festa, seria bem-vindo! Ele contou que, quando a mãe morreu, ele e o irmão foram para Pernambuco morar com a avó. Mas agora estava vivendo aqui com a tia. Então, perguntei se ele queria voltar no próximo semestre e ele disse que sim! Logo depois, Victória perguntou se, no último dia, poderiam brincar de "Mocinhos da Europa". Concordei, mas pedi que ensinassem aos mais novos. Eles brincaram por um bom tempo. Em seguida, fizemos um brinde com refrigerante e no final ainda entreguei o certificado do ano como sempre fazia. Expliquei que o Clube de Mães passaria por uma reforma geral em 2009, mas as crianças poderiam continuar no teatro. Por fim, desejei boas férias a todos e fechei o ano!

Vamos salvar a estrela do mar!

Essa frase é do diretor do Teatro Escola Macunaíma, Nissim Castiel, e eu me lembro quando ele a pronunciou emocionado. O trabalho social também era salvar uma estrela do mar. Era árduo porque, muitas vezes, não tinha continuidade em casa, na escola e, com certeza, nem na rua. Mas o educador se sentia tentado a salvar a estrela e eu não desistiria, porque acompanhava essas crianças há tempos, sabia que fazia parte da vida delas, assim como elas faziam da minha. Muitas vezes, levava tempos para conseguir uma melhora. No entanto, qualquer atitude externa poderia destruir todo o meu trabalho em segundos. Mas eu não desistiria, porque sabia que, aos poucos, esse trabalho iria se consolidando por dentro, pois meu objetivo com essas crianças era a modificação do indivíduo, que se transformaria em cidadão consciente, expressivo e feliz. A arte por si só já educava, mas minha missão era fazer com que ela fosse o caminho transformador de cada um, por meio de um olhar diferenciado ou criativo, sempre em busca de soluções.

Dias atrás estava lendo novamente o livro *A Alegria de Ensinar*, de Rubem Alves, que ganhei de Débora Hummel há anos. O primeiro capítulo aborda as lembranças da escola, na qual "a criança só guarda para si aquilo que aprende com amor". Logo, como justificar o envolvimento dessas crianças com um trabalho, no qual não existem obrigações nem notas, simplesmente pelo compromisso consigo e com o outro? Como justificar essas crianças que estão há tantos anos nesse projeto sem enjoar? Como justificar a presença dessas crianças toda semana apostando apenas que terão um dia feliz? O que eu faço?

Rubem Alves diz que nossas lembranças da escola estão relacionadas à amizade e ao companheirismo entre os colegas, mas acho que, no meu caso, as crianças terão lembranças de momentos felizes de trabalho, aprendizado e vivência adquirida. E assim tenho certeza de que cumpri minha missão...

...Salvei uma estrela do mar!

5.
A Magia de Ser Criança

Silvia de Paula

Encontro I
23.08.2008

Em nosso reencontro após as férias, os alunos foram chegando aos poucos. Alguns eufóricos por rever os amigos, outros tímidos por ser o primeiro dia. Convidei-os a sentar no chão, em roda, para um bate-papo inicial, enquanto esperávamos os demais inscritos. A cada integrante que chegava, nossa roda fazia festa. Havia um clima festivo, que me deixou tranquila, afinal ali revivíamos a cumplicidade estabelecida no semestre anterior e os novos alunos observavam com atenção todo o movimento de chegada dos alunos antigos. Participei da celebração do reencontro porque acreditava ser importante deixá-los à vontade.

Iniciamos as apresentações, mesmo com as várias interrupções em virtude dos alunos que chegavam atrasados. Disse que Natália Viotti seria minha assistente de direção e aproveitei para falar sobre o horário de início da aula e da importância na pontualidade para o bom desenvolvimento e aproveitamento de todos. Ainda em roda, pedi aos alunos do semestre passado que contassem um pouco sobre o curso e sobre nossa rotina, já que as alunas novas nunca tinham feito teatro e haviam buscado o curso porque gostavam de televisão. Eram tímidas, mas uma delas sempre quis ser atriz. No final da exposição, percebi que o mais significativo para todos eram os jogos e a peça final. Então, expliquei como iríamos criá-la no final do semestre, já que nosso desafio era discutir o interesse comum do grupo, a partir de alguma história que eles quisessem contar, de um livro, de um texto ou de um assunto que nos levasse à pesquisa, para comunicarmos algo ao público em nossa apresentação.

Falei também sobre nossos combinados em relação ao espaço que usaríamos, sobre o lanche que teríamos de trazer, pois não tínhamos mais a cantina ao lado da escola, sobre a contribuição de cada um para as pesquisas e a construção do espetáculo, sobre a roda, o registro e o ato de tirar os sapatos, cuidar de si e dos outros. Expliquei ainda que, sempre iniciaríamos em roda para conversarmos e lermos o registro que, a cada aula, ficaria sob a responsabilidade de um aluno. Trouxe vários livros de histórias infantis para despertar o interesse das crianças, mas elas já não queriam mais ficar na roda, queriam jogar. Então, quando atendi às suas propostas, algumas se levantaram entusiasmadas, pedindo os jogos que conheciam, e, assim, decidiram pelo "Detetive na Festa". Mas antes propus um breve alongamento, momento em que expliquei que era importante alongar para não machucar os músculos e evitar dores no corpo.

Praticamos, então, kempo, uma arte marcial voltada para o fortalecimento corporal, proveniente da observação de movimento dos animais, que se tornou uma forma de luta natural. Sua filosofia é buscar a naturalidade do corpo em união com a força. A história do surgimento dessa prática se perde no tempo, mas acredita-se que sua origem data de mais de 2 mil anos atrás. Ela chegou ao Japão por influência dos chineses, como meio de defesa pessoal e prática guerreira, centrada no uso das mãos. Os alunos adoraram o exercício da onça.

Em seguida, partimos para o jogo escolhido, que foi repetido várias vezes, porque todos queriam estar no papel do detetive e do dono da festa que recebia as pessoas. Percebi que assim a turma se integrava com facilidade, devido à participação de todos. Logo depois dividi o pessoal em dois grupos para a primeira improvisação e eles trouxeram questões do cotidiano adulto em uma redação de jornal. Também foi discutida a falta de tempo dos adultos, inclusive para as crianças. Finalmente, trouxeram o cotidiano da escola, na qual os alunos colavam para passar de ano. Percorri os dois grupos, questionando o que queriam contar e o que queriam que eu entendesse com a apresentação. Aproveitei para instigar os mais tímidos, perguntando-lhes sua opinião, mas deixando-os à vontade para falar ou não. Observei que os mais antigos também queriam que os mais novos falassem e ficavam incomodados quando eles não davam suas opiniões. Depois, os grupos se apresentaram e, logo após, conversamos sobre o que ficou claro e o que ficou confuso, como, por exemplo, falar ao mesmo tempo que o outro, ficar de costas para a plateia e até sobre a participação de todos.

Na sequência, brincamos de "Gato e Rato". Depois, fizemos o intervalo. Eu havia comprado lanche para compartilhar na roda, pois os alunos ainda não sabiam que não teriam mais a cantina. Luana também trouxe um bolo para o aniversário da Grazi e foi uma surpresa maravilhosa. Após o intervalo, propus o jogo "Do Espelho", primeiro em dupla, depois em grupo, para trabalhar a sintonia e a integração dos alunos. Então, refletimos sobre como esse exercício permitia o olhar para o outro e ainda fortalecia a contribuição de cada um para o grupo, destacando, ao mesmo tempo, sua importância.

Depois, dei mais um tempo para discutirem novamente a apresentação, pensando no que poderiam mudar a partir do que conversamos. Apresentaram-se de novo, só que sem texto. A princípio, não gostaram, mas entenderam a importância da proposta, tanto que disseram que conseguiram entender a história. Então, aproveitei para falar o quanto nosso corpo, mesmo sem fala, poderia dizer muita coisa, ao estar triste, bravo, feliz etc. Completei a roda de conversa expondo os pontos positivos, já que nos dois grupos não faltaram nem animação nem criatividade. Todos ficaram de pesquisar, para a próxima aula, os assuntos apresentados. Terminamos nosso encontro, ainda em roda, com o jogo "Do Merequetê", atividade que trabalha ritmo e sintonia no coletivo, com melodia e movimento. Para encerrar, gritamos nossa palavra final: animação!

Encontro II
30.08.2008

Chegaram mais alunos novos, e todos foram bem acolhidos (aliás, esse grupo era muito acolhedor e carinhoso), inclusive os alunos antigos que retornavam das férias. Nossa roda trouxe curiosidades da semana de cada um e eu aproveitei para resgatar nossa pesquisa, perguntando se encontraram algum livro ou história que falasse do assunto da aula anterior. Ninguém trouxe nada, mas queriam ir logo para os jogos. O registro também chegou, porém, a aluna não ficou na aula, veio apenas trazê-lo. Elogiei bastante sua atitude, principalmente porque o registro estava maravilhoso, já que contemplava exatamente o que estávamos discutindo sobre a importância da pesquisa e do próprio registro. Todos adoraram o feito da nova aluna, que o fez com graça e poesia:

> Com olás, beijinhos e bom-dia,
> iniciamos o nosso prazeroso dia.
> Na roda, vimos livros e canções.
> Procuramos brincadeiras para agradar corações.
>
> Oh, desculpem minha falha,
> hoje conhecemos duas novas alunas.
>
> A primeira atividade do pedaço,
> foi o pega-pega do abraço.

Na cabra-cega, de olhos vendados,
eu ouvia zum zum zum.
Mas o pior foram os chutes no meu bumbum.

Ora éramos rato, ora gatos, no gato e rato.
No detetive, Sílvia foi ladrão, Vi detetive,
e eu, carrapato...

Brincadeira foi o tema da atuação.
Os dois criaram, criaram de montão.

Na ciranda: cirandeiro, cirandeiro, oh!
A pedra do meu anel brilha mais do que o sol.

Até os atrasados e retardatários
estavam lá para o aniversário

Todos deitados de olhos fechados,
trouxeram para o aniversariante, um bolo recheado.

Finalizamos com o merequetê.
Uma ótima semana pra mim e pra você!!!

A aluna, que escreveu a poesia (que transcrevi conforme a original), tinha apenas doze anos e eu fiquei encantada com a sua forma de expressar o vivido.

Na continuidade da aula, as crianças que chegavam atrasadas iam sendo inseridas nos jogos propostos. Nosso aquecimento foi de reconhecimento do espaço e do outro, com diversos comandos e desafios de consciência corporal e espacial, individual e coletiva. Jogamos "Pega-Pega Estátua" e exercitamos diferentes formas de caminhar. Depois, uma criança pediu para fazermos o "Pega-Pega do Abraço". Achei muito interessante, pois contribuiu bastante para a integração dos novos alunos.

Seguimos, então, para a improvisação da aula anterior: A Redação de Jornal. Porém, dessa vez, fizemos em dois grupos, para ampliar os olhares frente ao tema e as possibilidades de exploração de uma ideia. Nosso intervalo chegou com outra surpresa! Como era aniversário da Luana, Grazi tinha trazido um bolo para retribuir. O lanche coletivo foi muito gostoso; todos em roda, conversando descontraidamente, compartilhando, se ajudando e servindo uns aos outros. Então, os menores começaram a propor brincadeiras e se afastaram da roda, enquanto os maiores ficaram conversando.

Após o intervalo, propus outra atividade para reaquecê-los, antes da apresentação dos grupos. Sugeri o jogo "Dos Verbos e Objetos", no qual cada grupo fazia uma lista desses elementos. Em seguida, eu os numerava aleatoriamente e cada grupo dizia ao outro o que fazer, unindo os verbos aos objetos. Como rimos e nos divertirmos bastante com as performances, eles quiseram repetir o jogo. Depois, os grupos se apresentaram e nós conversamos sobre o que havia sido mudado. Então, eu disse que a ideia estava mais clara, mas ainda teríamos que pesquisar sobre o assunto. Portanto, a lição para o nosso próximo encontro seria a de trazer informações sobre quem seriam as pessoas que trabalhavam numa redação, como era a rotina de trabalho delas, entre outras coisas. Porém, como ainda tínhamos tempo para mais uma improvisação, trabalhamos em dois grupos com a construção de um cenário que, por sua vez, poderia representar um lugar qualquer. Os dois grupos o construíram rapidinho, buscando elementos em nosso baú. Em um segundo passo, inverti os grupos nos cenários e dei um tempo para pensarem que lugar era aquele e quem estaria ali. Assim, também teriam que criar acontecimentos como se estivessem no local. As crianças não gostaram muito da troca, pois já tinham pensado em uma história para o cenário que construíram.

Aproveitei a deixa e conversei sobre o criar no espaço montado pelo outro, como improvisar frente ao desconhecido, como exercitar o reconhecimento da circunstância e brincar no espaço, olhando para os parceiros de cena e se divertindo com a imaginação. Quase no fim da aula, eles pediram novamente o jogo do "Detetive" e se divertiram muito. Porém, também apresentei o "Dig Dig Joy", jogo de atenção e ritmo, realizado em círculo, no qual uma criança inicia um movimento e, a partir do sentido horário, após ela ter feito o movimento inicial e iniciado o segundo movimento, a próxima repetiria o primeiro movimento e depois o segundo, e assim sucessivamente até completar a roda. Eles acharam bem difícil, mas não quiseram desistir. No entanto, havia chegado o final da aula que teve como palavra do dia: improviso.

Encontro III
06.09.2008

Iniciei a aula formando uma roda para conversar com as crianças sobre como havia sido a semana, para perguntar se tinham pesquisado algo para o tema da peça de fim de ano, e para aguardar a chegada do restante da turma. Depois, ouvimos o registro que Luana fez sobre a aula anterior, bem como a opinião das crianças sobre as brincadeiras realizadas em sala. Falamos ainda sobre a importância do registro e por que cada aluno deveria fazer o seu até o final do semestre. Mas na hora da leitura do registro, os meninos se mostraram um pouco dispersos; queriam logo ir para o jogo.

Já sobre a peça de fim de ano, Vitório sugeriu que falássemos sobre as Olimpíadas de Pequim e a importância do esporte na vida de todos. Discutimos sobre o que poderíamos aprender e ensinar aos espectadores com esse tema. Instalou-se um pequeno silêncio na sala, o que me fez perceber que alguns estavam pensando, enquanto outros continuavam dispersos. Com exceção do Vitório, apenas as meninas se manifestaram. Conforme explicaram, o esporte era importante porque, atualmente, "muitas pessoas comem *fast-food*, não se exercitam e isso causa obesidade e outros problemas de saúde". Após o debate sobre o esporte, passamos a discutir o "brincar", pois percebi que o foco era a falta de tempo dos adultos para com as crianças e também porque já tinha observado que esse grupo amava brincar, tanto que traziam uma leveza para todos os jogos propostos. Ao indagar sobre a necessidade de brincadeiras em seu dia a dia, a turma disse que os adultos "não percebiam as coisas simples da vida" e que "estavam sempre estressados ou mal-humorados" devido à obrigação de "botar comida na mesa". Valéria, por sua vez, relatou que a tecnologia e o trânsito engarrafado também contribuíam para o estresse dos adultos. A partir de todo esse debate, os alunos chegaram à conclusão de que se os adultos brincassem mais, seriam menos estressados. Diante disso, perguntei como poderíamos organizar o tempo, trabalhar e não perder a criança que existe dentro de nós (tema esse que também deveria ser pesquisado para a próxima aula).

Em seguida, coloquei à disposição das crianças vários livros de histórias e brincadeiras para escolhermos a improvisação do dia, já que ninguém tinha trazido pesquisa nenhuma. Nesse momento, os meninos se envolveram mais que as meninas. Eles pareciam mais interessados em ver todos os livros. Mas não escolheram nenhum para o dia. Isso não me preocupou. Deixei para observar o movimento do grupo e propor a improvisação de acordo com o desenvolvimento da aula.

Fomos, então, para o nosso habitual aquecimento. Pedi que se deitassem no chão e se esticassem, a fim de alongar o corpo. Em seguida, pedi que passassem a caminhar pela sala, ouvindo a canção que eu colocaria, prestando atenção às sensações causadas pela mesma e fazendo o que tivessem vontade. Logo, ao som de uma música, as meninas dançaram e formaram coreografias, ao passo que os meninos apenas correram pelo espaço livre. Prosseguindo, disse que, assim que a música parasse, cada um também deveria parar de caminhar, fechar os olhos e dizer quem estava atrás. A finalidade dessa atividade era fazer com que a criança percebesse a si e ao próximo no espaço, exercitando a atenção em relação ao todo e a memória visual.

Já a próxima atividade exigiria o resgate de brincadeiras que conheciam, porque teriam que inventar uma sempre que a música parasse de tocar. Dessa forma, eles exercitariam a improvisação, a integração e a criatividade. Ryan, nosso mascote de cinco anos e meio, se divertiu e interagiu muito bem. Posteriormente, em alguns outros jogos, propus mais desafios para o grupo. No jogo "Terremoto", por exemplo, ficaram um pouco perdidos, mas logo entenderam o jogo e o fizeram com facilidade. Depois, ainda jogamos "Estátua", nos transformando em objetos. Todos teriam que inventar um objeto com o próprio corpo. Valéria fez uma mesa, porém, como estava numa posição pouco confortável, se deitou no chão e disse: "Minha mesa despencou, era muito velha." Esse argumento demonstrou rapidez de raciocínio e de improvisação, ou seja, ela resolveu o problema sem perder o foco da cena.

Lúcia, por sua vez, também se deitou no chão, mas esticou todo seu cabelo, para demonstrar que era um espanador. Notei que apenas Isabel, uma das novas alunas, tinha muita dificuldade em inventar um objeto, talvez pela falta de afinidade com o grupo, o que era natural num primeiro contato. Então, mudei de exercício para que ela participasse com mais alegria e desenvoltura. Jogamos "Cabra-Cega". No início, ninguém queria ser vendado, mas após a primeira tentativa, todos quiseram sentir como era pegar alguém sem enxergar. O jogo realmente foi muito bom, pois instigou os sentidos do tato e de audição do grupo e todos se sentiram desafiados e confiantes. Alan e Ryan, os únicos que não fizeram questão de brincar de "Cabra-Cega", se divertiram com o baú de objetos, mais especificamente com a espada e com o celular, talvez pela diferença de idade. Vitório, por sua vez, era uma criança especial, tinha pouca audição, defasagem cronológica, dificuldade de leitura, escrita e fala. Logo, ele interagia muito mais com os menores, apesar de ter dez anos. No entanto, quando fiz a proposta do jogo "Cabra-Cega" em dupla, todos quiseram participar. Nele, a roda teria duas cabras cegas e, enquanto cada uma delas tentaria pegar a outra, as outras crianças deveriam impedi-las de sair da roda para não se machucarem. Além da integração de todos, houve muita euforia no momento em que Valéria foi pegar Lúcia. Depois, quando perguntei sobre o objetivo da brincadeira, as crianças disseram que devia ser para se ter noção de espaço e aprender a ouvir sem enxergar (era muito interessante notar como percebiam a finalidade do jogo). Em seguida, fomos para o relaxamento, que incluía deitar no chão, relaxar, respirar, soltar os braços, as pernas e fechar os olhos. Mas como os menores eram muito inquietos e ansiosos, não conseguiam ficar de olhos fechados.

No intervalo, comemoramos o aniversário de Ryan. Na volta, Lúcia trouxe a brincadeira do "Soldado". Após a explicação, todos participaram, alguns com menos facilidade, pois exigia muita concentração. Mas, apesar do grau de dificuldade, todas as crianças se esforçaram para entender e fazer corretamente. O grupo teve um excelente comportamento. As crianças gostaram do desafio e Lúcia, com muita paciência, explicou várias vezes a brincadeira.

Atividade de Improvisação

Eles deveriam montar uma pequena cena que tivesse uma brincadeira de criança. No entanto, não poderiam esquecer de inserir um conflito, que seria algum problema na história para ser resolvido. O desafio era fazer primeiro sem texto e depois com texto. Após ouvir as ideias dos três grupos, percebi que os mais novos pouco falavam, apenas concordavam e topavam tudo que os outros sugeriam.

GRUPO 1
Duas irmãs brincavam com uma boneca até que seus dois irmãos chegavam e a tiravam de suas mãos. Além de não devolvê-la, eles ainda ficavam jogando a boneca para cima até que ela caiu e se quebrou. As meninas começaram a chorar. Então, o pai deu

uma bronca nos meninos e mandou que consertassem a boneca. Enquanto isso, as meninas foram a uma loja e compraram outra mais bonita. Quando chegaram em casa, mostraram a nova aquisição para os irmãos que, após uma confusão, foram brincar com elas. Achei muito criativo. O contexto era de fácil compreensão e o grupo soube se posicionar no palco, tanto sem fala quanto com diálogo.

GRUPO 2

Duas adolescentes "metidas" encontravam duas crianças brincando de "Pega-Pega". Uma delas ficou com muita vontade de reviver a infância e resolveu participar, ao passo que a outra, além de tirar um "sarro", não se conformou com a atitude da amiga. Mas, em seguida, percebeu como estavam felizes e se rendeu à brincadeira. Depois, observando que o jogo ficava sem graça com quatro pegadores, as "ex-metidas" ainda resolveram puxar alguns espectadores para o palco. O grupo soube explorar a questão do preconceito em relação às brincadeiras de criança e, como ponto positivo, ainda jogaram com a questão de brincar com a plateia, ao chamar voluntários para participar, o que sempre foi muito utilizado por algumas companhias. Para melhorar, seria preciso mais diálogo e saber como levar os voluntários de volta à plateia.

GRUPO 3

Duas filhas chamavam a mãe para brincar, porque já estavam cansadas de brincar com a babá. Mas a mãe só pensava em trabalhar e se estressou com a insistência das meninas. Porém, quando ela percebeu que suas filhas estavam tristes, resolveu dar um pouco de atenção a elas. Na cena, faltou diálogo e um pouco de expressão corporal. Esses fatores, muitas vezes, faziam a plateia perder o entusiasmo. Também não deu para entender por que a mãe mudava de ideia e ia brincar. No entanto, a abordagem do tema foi boa, pois retratou a realidade dos dias atuais e despertou o interesse do grupo em aprofundar o assunto sobre o brincar.

Quase no final do encontro, a assistente Natália nos ensinou uma canção de roda, "O Cirandeiro", que envolvia voz, corpo e texto. Muitos sentiram dificuldades para executar a atividade, contudo se mostraram atentos e interessados. Depois, ainda brincamos de "Detetive" e "Merequetê". Por fim, como tarefa de casa, pedi que pesquisassem sobre brincadeiras.

Encontro IV
13.09.2008

Nosso dia começou com a tradicional roda. A aula começou com apenas seis crianças, e as outras que iam chegando se juntavam ao grupo. Falamos sobre o registro que não estava na sala porque a aluna que o levou tinha faltado. Combinamos que Vitório faria o próximo e ele concordou, o que me deixou bastante contente frente aos desafios que o menino vinha superando a cada aula. Em seguida, iniciamos a reflexão sobre o nosso tema, que era brincadeira. Ryan e Lúcia estavam ansiosos para mostrar a pesquisa que tinham trazido. Fiquei empolgada, pois se dava uma transformação em um grupo que jamais pesquisara. Eles trouxeram a história das brincadeiras, que se diferenciavam entre meninos e meninas durante a Idade Média. Nessa época, enquanto os garotos brincavam de espada com o objetivo de serem cavaleiros quando adultos, as garotas brincavam de boneca para serem mães. Então, Juan perguntou o que era cavaleiro. Por coincidência, eu estava com o livro *Dom Quixote* e pude mostrar as imagens. Em seguida, lemos um trecho do livro e eu questionei quem eram os cavaleiros e o que eles faziam. Os alunos disseram que eram homens que andavam a cavalo com lanças; que lutavam e matavam muito. De maneira geral, a turma gostou muito da pesquisa e se prontificou a trazer outras. Luisa, por exemplo, disse que traria a origem das brincadeiras.

Nossa roda prosseguiu, cheia de conversas que enfocavam tanto os pais em suas vidas cotidianas quanto a falta de tempo que tinham para brincar com os filhos. Falaram também sobre a falta que a Grazi fez na aula passada e, prontamente, quiseram mostrar o jogo "Do General" a ela. Pediram para sair da roda e brincar, dizendo: *Quem não brinca, fica triste, professora.*

Fomos, então, para o nosso aquecimento, permeado de jogos de percepção espacial, confiança e desafios de olhos fechados, que incluía caminhadas pelo espaço com obstáculos. As crianças mostraram muita habilidade frente ao novo e jogaram mantendo concentração e cuidado. Em seguida, dividi os grupos para a improvisação a partir de um dos jogos de aulas anteriores. Tínhamos a história do cavaleiro e mais duas que foram escolhidas por eles: "O Anjo do Bem e Gênio do Mal" e "Quem Comeu as Historinhas?" Mas antes de iniciarmos, fizemos um aquecimento vocal com parlendas que propiciavam desinibição, impostação de voz, dicção e parcerias.

Logo após, já durante a construção das cenas, percebi, ao observar os grupos, as dificuldades dos maiores e mais velhos em relação aos menores e mais novos. Eles queriam que todos dessem ideias; então, tive que fazer uma interferência, questionando o que cada um pensava sobre o assunto. Assim, construímos uma sequência de acontecimentos. Os mais velhos demonstravam interesse em ficar com os já conhecidos, porém, como sempre provoco a integração de todos, mostrei a importância da contribuição de cada um para o grupo. Depois, fizemos nosso intervalo com o lanche coletivo e nos lançamos em vários jogos de integração, prontidão e criatividade: "Guerreiro", jogo "Da Viúva", "Pulinhos Com Números" etc. Na volta, fizemos as apresentações:

GRUPO 1
Anjo do Bem, Gênio do Mal: Nadir deixava seu celular num banco. Luana passava pelo local e ficava tentada a pegar o aparelho. Beatriz (Diabinha), ao pé do ouvido de Luana, dizia que ela deveria pegar o objeto, enquanto Alan (Anjinho), aconselhava a não pegar nada. No

final, Luana optou por pegá-lo e passou a maior vergonha quando a verdadeira dona chegou e lhe deu a maior bronca. A cena foi criativa e educativa. O grupo soube se posicionar no palco, tanto sem fala quanto com diálogo. O contexto era de fácil compreensão. Alan fez um mix de anjinho e diabinho, pois se divertia quando Luana fazia a maldade. Então, conversamos sobre acreditar no que teríamos de fazer e qual seria nossa reação se o fato fosse verdadeiro.

GRUPO 2
Enquanto um artista dava uma entrevista, um de seus fãs furta o lenço que ele usava nos shows e uma de suas fotos que já estavam autografadas. A improvisação foi muito animada, as crianças se divertiram e jogaram juntas. Vitório se destacou por estar muito atento.

GRUPO 3
Quem Comeu as Historinhas? Um livro de histórias, ao ser transformado em chocolate, acabou sendo comido em seguida. A cena ficou confusa e o grupo se mostrou bastante conturbado na criação: os maiores queriam que os menores também dessem ideias e ficaram presos a essa questão. Vitório, que participou desse grupo também, porque Ryan teve que ir embora, disse que faltou clareza. No entanto, ao jogar com o grupo ele improvisou muito bem.

Depois da apresentação, sentamos em roda para falarmos sobre o trabalho de criação, processo que sempre leva muito tempo de estudo, dedicação e contribuição. Expliquei também que o espetáculo era feito de pedacinhos e, se não fosse assim, seria impossível conseguirmos fazer algo; que o mais importante de tudo era se divertir com as ideias e experimentar cada uma delas, pois no teatro nada era definitivo, já que poderíamos criar o tempo todo, desde que "jogássemos" com os parceiros de cena. Enfatizei ainda o quanto era importante estar atento, o tempo todo, para se ajudar e fazer o mesmo pelos outros. Antes de encerrarmos a aula, eles pediram o jogo "Do Detetive", mas também fizemos o "Dig Dig Joy".

Encontro v
27.09.2008

Nossa aula começava naturalmente. Todas as crianças que chegavam, tiravam seus sapatos e os colocavam no espaço designado, se posicionavam na roda, onde eu já as esperava, para conversarmos, enquanto aguardávamos as demais. As pesquisas que apareciam com frequência traziam muitos jogos e brincadeiras antigas que usaríamos em nossos aquecimentos. Mas, nesse dia, muitos alunos faltaram. Vitório ficou bem incomodado com o fato, mas eu tentei dinamizar ao máximo nossa aula, apesar de estarmos com apenas seis alunos, tanto que provoquei bastante reflexão sobre o tema que eles tinham apresentado como pesquisa. Questionei o que queríamos, o que levaríamos ao público e o que iríamos aprender com o trabalho.

Eles mostraram clareza em relação ao superobjetivo e eu me empolguei muito, porque a característica principal desse grupo era o amor pelo brincar. Valéria, por exemplo, disse que o tema resgataria a memória das pessoas adultas que haviam se esquecido de como era bom brincar e quanto isso unia as pessoas. Falou também que os adultos tinham a responsabilidade de colocar comida na mesa, mas que eles não podiam se esquecer de brincar com os filhos; que não precisariam ter vergonha de brincar, porque todos tinham uma criança em si, que sobreviveria durante a vida inteira. Achei lindas as reflexões. Então, perguntei a cada um o que era brincar. Em resposta, ressaltaram que brincar era se aproximar das pessoas; era despertar a imaginação; era fazer movimento etc. Em seguida, pediram para sair da roda e brincar novamente. Queriam fazer o jogo "Da Etiqueta na Testa", que a assistente Natália havia ensinado. Foi pura diversão! Ainda brincamos de jogos imaginários, mas os maiores logo se desinteressaram.

Depois, partimos para a improvisação das discussões em roda, na qual surgiu o tema Fábrica de Brinquedos. Os grupos já tinham se dividido, graças ao jogo "Do General", que havia sido pedido novamente. Então, aproveitei essa mesma divisão para fazer, naturalmente, a escolha dos parceiros e possibilitar novas vivências. Lúcia e Luana, por exemplo, só queriam ficar juntas, mas aceitaram a separação e fizeram um ótimo trabalho.

Um grupo partiu da cena na qual dois irmãos estavam em uma loja, querendo um mesmo brinquedo, mas para usarem individualmente. Após muita discussão, eles chegaram a um acordo: ambos poderiam escolher um brinquedo para brincar juntos, assim o dinheiro daria para os dois. O outro trouxe a questão de uma família ligada em coisas tecnológicas e que ignorava os brinquedos apresentados pela avó. Mas, após perder o que tinham, foram atrás da velhinha que lhes contou a história dos brinquedos. Amei os dois grupos, foram muito criativos e ousados nas apresentações.

Nosso intervalo também foi muito rico. Todos lancharam coletivamente, enquanto conversavam sobre as cenas. No retorno, fiz mais um jogo das pesquisas de Vitório, o "Elefantinho Colorido". Foi bem divertido, já que todos participaram. Então, lancei um novo desafio: o grupo todo deveria montar uma única cena com tudo que haviam improvisado. Eles gostaram, mas pediram para eu sair da sala para ter uma surpresa.

Concordei e, mesmo com os menores segurando a porta para eu não entrar, fiquei colada a ela, ouvindo as articulações. Quando entrei, foi lindo, o cenário era todo colorido de um lado e preto do outro. Eram duas famílias. Na parte colorida a mãe trabalhava, mas dava atenção às filhas. Na parte preta, a família tinha um movimento letárgico e automatizado, sem alegria. A bola da primeira família caía na casa da segunda, que era a família obscura. O incidente provocou um pequeno interesse nas crianças da família obscura em descobrir o que os outros faziam e por que estavam sempre rindo. Refletimos mais uma vez sobre o significado do brincar e como poderíamos chamar a atenção do público que fosse nos assistir. A aula chegou ao fim e, em roda, gritamos a palavra do dia: diversão.

Encontro VI
04.10.2008

Após a acolhida aos alunos em nossa costumeira roda, por meio do registro feito por nós na aula anterior apresentamos, aos que haviam faltado, tudo o que tinha acontecido. Uma aluna quis lê-lo e eu, além de perguntar se estava claro para quem não esteve na aula, ainda questionei se alguém queria contribuir com mais alguma informação. Como ninguém se lembrava de mais nada, dei continuidade à aula. Ninguém trouxe um texto; então, apresentei um a eles, de acordo com a proposta do semestre, que seria a de desenvolver um trabalho a partir de uma história pronta. Expliquei que as falas seriam criadas por eles, de acordo com a compreensão dos acontecimentos e do jogo de improvisação de cada um. Também lancei o desafio de construirmos brinquedos antigos para ampliar o repertório de brincadeiras. Eles "curtiram" muito a ideia e ficou definido, com aprovação de todos, que o texto seria o que eu tinha trazido. Porém, como também estava com um livro que ensinava a fazer brinquedos, começamos pela história da peteca. Falei sobre sua origem, que em tupi significa tapear, e partimos para sua confecção, momento em que as crianças ficaram totalmente envolvidas. Depois, brincamos, e foi muito divertido! Mas ainda tínhamos que criar outros brinquedos para o contexto da história. No entanto, como algumas crianças mostravam dificuldades, porque só conheciam os brinquedos atuais, deixei que experimentassem livremente o jogo da peteca. Porém, combinei com elas que iríamos fazer novos brinquedos a cada aula.

Chegou, então, a hora da improvisação do texto escolhido e eu lhes contei a história do *Faz De Contos*, de Cíntia Alves. Eles adoraram! Na verdade, não li o texto todo, citei apenas os acontecimentos para que improvisassem do jeito deles. Deixei também que escolhessem as personagens. Vitório escolheu, de pronto, o policial, que deixei para o exercício, porque eu não queria que ele repetisse a personagem da peça anterior; Vitório já precisava de novos desafios.

Depois, precisei sair da sala para que eles montassem o cenário. Como sempre, fiquei escutando através da porta o caminhar das discussões, para fazer possíveis intervenções, mas o grupo era muito harmônico e, com facilidade, resolviam qualquer problema em conjunto. Quando entrei, tive a impressão de que as crianças estavam perdidas no palco. Beatriz era o policial, mas não conseguia entrar em cena porque não parava de rir. Percebi também que estavam paralisados frente ao medo de fazerem errado. Expliquei que bastava entender a história e fazer do jeito deles, se divertindo, mas sem perder a concentração.

Fomos para o lanche coletivo e, em seguida, aproveitando que todos estavam na aula, tiramos as fotos para a Mostra. Voltamos para o jogo de improvisações e eles experimentaram diferentes personagens. Fizemos a cena muitas vezes, já que nada saía do jeito desejado. Eles estavam muito dispersos. Paramos e conversamos em roda. Alan lembrou que não havíamos caminhado pelo espaço e eu gostei da observação dele, pois precisávamos do aquecimento, sem dúvida. Valéria disse que tinha aprendido que não se deveria fazer a aula de meia e que se divertiu muito com a peteca. Luana achou "legal" trabalhar com um texto pronto. Grazi frisou que os bonecos podiam dançar. Então, ficamos de retomar a cena na próxima aula. Em seguida, fomos brincar de "Detetive", com música e de olhos fechados, enquanto eu dizia quem era o detetive no ouvido das crianças. Depois, brincamos de "Cirandeiro" com a assistente de direção, Natália, e, ao encerrar a aula, percebi que a Nadir sabia a música toda. Fiquei admirada e feliz, pois tínhamos cantado apenas uma vez, há um mês, e ela havia gravado a canção. Nem eu sabia a música inteira. Por fim, a palavra do dia foi: alegria.

Encontro VII
11.10.2008

Logo no início da aula, em nossa costumeira roda, ficamos tristes porque nosso registro não estava na sala. Mesmo assim, tentamos refazê-lo em uma folha, na qual cada um contribuiu com um pouquinho do que tinha guardado na memória. Mais uma vez, falei sobre o quanto o registro fazia falta, no momento de contar a história que estava sendo vivenciada. Conversamos ainda sobre a peça e eu indaguei sobre o objetivo da mesma. Eles responderam que seria o de lembrar que, mesmo sendo adulto, sempre haveria a possibilidade de se brincar para ficar feliz; que o brincar era muito importante para a vida. Então, como a história falava de brinquedos abandonados, combinamos de trazer aqueles que não queríamos mais, para trocarmos, primeiramente, entre nós e, depois da peça, doá-los para uma casa-abrigo. Eles gostaram da ideia. Em seguida, como o brinquedo do dia era o bilboquê e uma das alunas havia trazido diversas garrafas PET, resolvemos confeccioná-lo. Foi muito interessante perceber a habilidade e a criatividade das crianças que construíam o brinquedo. Elas estavam totalmente envolvidas e se ajudavam com ideias para decorar o brinquedo. Após terminarmos a atividade de construção do bilboquê, jogamos de diferentes formas e, depois, o guardamos para discutir sobre o nome da nossa história. Perguntei o que para eles trazia à lembrança o ato de brincar, e responderam: esperança, lembrança, criança, brincadeira, felicidade, imaginação, alegria, brinquedo, rir, se soltar, união e aproximação. Registramos, então, todas as palavras. Depois, cada um deveria escolher a que quisesse para escrever uma frase sobre o brincar.

Em seguida, partimos para o aquecimento. Caminhamos pelo espaço e brincamos de "Pega-Pega", "Agacha-Agacha" e "Batatinha Frita", jogos que possibilitavam tanto a percepção de si mesmo quanto a do outro no espaço. Logo após, fomos para o intervalo. Aproveitei o momento para anotar as sugestões de nomes para a peça. Passamos à votação e o título eleito para a peça foi *A Magia de Ser Criança*, que surgiu a partir de uma junção de ideias dos alunos. Depois do intervalo, retomamos o exercício de improvisação. Trabalhamos acontecimento por acontecimento, em vez de nos preocuparmos de imediato com a história inteira, porque, assim, a montagem ficaria mais fácil para as crianças.

Como ainda havia muitas dúvidas sobre as personagens, fui propondo que experimentassem outras. Todos gostaram da ideia. Enquanto isso, eu também ia pedindo sugestões sobre quais brinquedos poderiam estar presentes em um bazar beneficente.

Embora tivéssemos de repetir várias vezes algumas cenas, a peça foi tomando forma aos poucos. Porém, os maiores se mantinham incomodados com o comportamento dos menores, que brincavam muito durante a construção. Expliquei a eles que os menores estavam experimentando exatamente o que propúnhamos na peça, ou seja, a alegria de brincar. Então, contei a história dos brinquedos desprezados que, por mais esquecidos e rejeitados que fossem, nunca perdiam a esperança de um dia encontrar uma família, para que a lembrança da infância se tornasse sem fim dentro de cada um.

Quase no final da aula, fizemos o "Toque Patoque", canção que trabalha o ritmo a partir de movimentos variados e da sintonia no grupo. Nesse dia, como ninguém queria levar o registro, fizemos um sorteio. Cássia, mesmo não mostrando animação, teve que levá-lo, por fazer parte do nosso combinado. Por sua vez, pedi a Luana, que ficava após a aula, para escrever o texto final da sinopse, juntando todas as frases construídas pelos companheiros. Eu somente a orientei quanto à organização das frases, questionando o que queriam dizer. A sinopse ficou assim:

> As crianças têm o dom da brincadeira. Com ou sem brinquedos é pura imaginação. A criança é livre e se diverte... Mas todo mundo um dia cresce e se esquece da criança que nunca deixou de existir dentro de si. O adulto deixa de brincar e abandona os brinquedos em um canto qualquer.

Encontro VIII
18.10.2008

Iniciamos a aula, formando uma roda, para discutirmos a apresentação e a definição das personagens. A leitura da sinopse também foi feita. Todos gostaram. No entanto, ninguém trouxe material para a confecção dos brinquedos. Eles também se esqueceram da proposta que envolvia os brinquedos antigos. Apenas Beatriz trouxe uma boneca e Vitório, uma guitarra, para trocar no grupo. Os brinquedos iriam incrementar a peça e, depois, deveriam ser doados para uma casa-abrigo. Cássia, que não havia feito o registro da aula passada, também não queria entrar na aula. Expliquei que não tinha problema e que poderíamos fazer na roda, com a ajuda da memória de todos. Mas a menina só entrou depois que a mãe a deixou na secretaria e foi embora. Nós já tínhamos feito o registro coletivamente e estávamos conversando sobre a peça, porém a acolhemos normalmente e não tocamos no assunto. Depois, enquanto conversávamos, Ryan começou a passear pela sala imitando um velho, com as costas curvadas, ombros para a frente e voz trêmula. Mas isso não incomodou os maiores, que entenderam que o tempo dos menores era diferente do deles.

Na hora da brincadeira, Ryan se juntou a nós. Brincamos um pouco com as garrafas que foram transformadas em bilboquê. Em seguida, eles pediram para brincar de "Pega-Pega", mas eu propus o "Agacha-Agacha", em que as crianças tinham que se agachar para não serem pegas. A brincadeira previa ainda que se o pegador chegasse perto de alguma criança ela ainda teria três segundos para se levantar e sair correndo, caso contrário, seria considerada pega. Lúcia, que estava com gripe, participou sem muita vontade, embora eu tivesse dito a ela para se sentar e apenas observar. Logo após, brincamos de "Pega-Pega" em dupla e as crianças demonstraram muita satisfação; estavam bastante atentas durante todo o jogo. Vitório auxiliou os que poderiam ser pegos, encontrando uma "dupla" para evitar que isso acontecesse a eles. Apenas Grazi, com uma fisionomia distante e preocupada, parecia não entender o que estava acontecendo. Percebendo, propus outro jogo, pois a intenção era a integração e o envolvimento com a atividade, que trabalharia a prontidão do corpo frente à circunstância dada. Fomos, então, explorar o espaço da sala, brincando de "Estátua de Objetos", com música. Dessa forma, também aproveitaríamos a proposta de Ryan, de andar de diferentes formas. Eu anunciava o comando e, quando a música parava, eles tinham que se transformar corporalmente em estátua. Surgiram as seguintes formas:

BOLA. Enquanto todos se ajoelhavam e abaixavam a cabeça, para formar um círculo com o corpo, Vitório deitou de costas, levantou as pernas, dobrou os joelhos sobre a barriga e conseguiu o mesmo efeito. Foi interessante perceber como apenas ele teve essa visão da bola.

PIPA. Todos fizeram posições semelhantes, apenas Beatriz ficou em pé com os braços erguidos e perpendiculares ao corpo. Questionada acerca da posição, ela respondeu: "É a rabiola!" Excelente quebra de paradigmas e prontidão de raciocínio.

TREM. Surgiram várias posições, todas diferentes. Foi interessante ver como cada um tinha uma imagem sobre o mesmo objeto.

BONECA. Fizeram posições muito parecidas.

CORDA. Somente Lúcia não fez, porque não conseguia se imaginar como tal.

PETECA. Pareceu-lhes fácil e, rapidamente, todos fizeram uma posição.

QUEBRA-CABEÇA. Alguns disseram que era difícil, mas mesmo assim executaram com perfeição, tanto que, se olhássemos por cima, teríamos a impressão de estarmos diante de um quebra-cabeça de verdade. Na realidade, as crianças se juntaram para formar o jogo.

Depois do jogo, perguntei a eles quais brinquedos queriam ser na peça:

- *Lúcia* e *Luana*: não conseguiram se decidir e ficaram paradas, dizendo que não sabiam o que fazer.
- *Beatriz*: Pinguim.
- *Alan*: Homem Aranha ou Robô (estava em dúvida).
- *Cássia*: Boneca.
- *Ryan*: Hulk.
- *Grazi*: Boneca.
- *Vitório*: Homem de Ferro.

Com essa disponibilidade de escolher, constatei que as crianças tinham se envolvido muito mais e se divertiam com as possibilidades de construção com o corpo. Em seguida, dividi a turma em dois grupos. Lúcia e Luana vibraram por estarem juntas. Dessa vez, deixei as duas no mesmo grupo para que compreendessem que quando propunha separá-las era para que exercitassem outras parcerias. Disse isso a elas. Depois, expliquei que os grupos deveriam discutir de onde os brinquedos teriam vindo, de quem eram e por que estavam no bazar. Nesse meio tempo, quando fazia a divisão de personagens, disse que Ryan seria o policial na peça, e Vitório, com essa notícia, deu uma pequena "murchada". Percebi que seu sorriso ficou "triste". Mas também sabia que ele queria fazer esse papel porque já o conhecia, por tê-lo feito em outra peça. No entanto, ele aceitou a proposta de fazer o príncipe e o fez com desenvoltura. Grazi também não decidia que brinquedo queria ser e, embora todos sugerissem algum, ela não aceitava. Então, a assistente Natália contou que sua irmã tinha largado a boneca Barbie quando a Polly entrou no mercado. Segundos depois, Grazi resolveu ser a boneca Susi, que foi trocada por sua dona em função do aparecimento da Polly, uma boneca pequena e "sem sal". Achei bem interessante a maneira com que Grazi lapidou a contribuição de Natália. Trabalhando o conceito do antigo, ao mesmo tempo em que trilhou o caminho indicado, encontrou uma solução adequada e, de certa forma, ainda colocou sua opinião.

Depois de escolhidos os papéis, as crianças passaram a justificar o fato de suas personagens estarem no bazar:

- *Ryan*: Disse que o Hulk tinha sido trocado por um ônibus de brinquedo, mas ainda queria seu antigo dono apesar de ter sido substituído. Além disso, como o dono do bazar não o deixava sair, ele acabou se tornando um brinquedo triste.
- *Luana*: Disse que a menina se fazia passar por menino porque na rua era melhor ser um moleque para não ser assaltada. Ressaltou ainda que estava fugindo de um policial porque armaram um assalto para que ela fosse acusada, embora muitos não acreditassem em seu envolvimento.
- *Lúcia*: Era uma duende triste, porque foi abandonada por sua dona, que cresceu e passou a ter vergonha dela após anos de dedicação.
- *Alan*: Disse que o robô foi abandonado no bazar pelo próprio dono, que tinha ficado adulto.
- *Vitório*: Disse que o príncipe foi perdido e não abandonado.
- *Cássia*: Era uma boneca de pano que foi trocada por um celular.
- *Beatriz*: Era uma princesa que foi trocada por um carro.
- *Grazi*: Era uma Susi que foi trocada por uma Polly.

De acordo com a peça, os brinquedos teriam vida, mas virariam estátuas sempre que alguém aparecesse no bazar, pois ninguém poderia sequer desconfiar desse pequeno segredo. No entanto, quando coloquei as crianças no palco para encenar a primeira unidade do texto, percebi que estavam perdidas e caladas. Não conseguiam demonstrar o conflito, o objetivo da cena, nem inventar uma brincadeira que desse para ser interrompida pela chegada do menino ou do policial. Eu e Natália, ao percebermos esse impasse, pedimos para que todos parassem e conversassem conosco:

- O que queremos com a cena?
- Quais são os acontecimentos?
- Qual o objetivo das personagens?
- Como mostrar ao público o que queremos?
- Queremos ver crianças brincando? Felizes? Então, precisamos demonstrar a alegria de brincar. Mas como poderemos fazer isso?

Lembramos ainda que havia um humano no meio deles, os brinquedos, que não se assustava nem um pouco com o fato de os brinquedos falarem e andarem. Esse humano tinha perdido a magia de ser criança por causa do dia a dia na rua. Mas se os brinquedos não falassem, não poderíamos brincar com tal possibilidade para exercitar a imaginação. Comecei a questionar:

– Qual seria o objetivo dos brinquedos?
– Seria o de fazer um baile para receber a fada que lhes daria uma casa, podendo, assim, fugir do bazar – respondeu Vitório.
– Então os brinquedos tinham medo de que o humano estragasse os planos deles! – concluí.

Em seguida, pedi que demonstrassem o receio dos brinquedos em receber um humano no meio deles, já que dessa forma correriam o risco de não conseguir fazer o baile nem ganhar o presente da fada. Logo, devido à presença de um menino que atrapalhava a vida dos brinquedos, também teríamos que trabalhar mais um conflito, o que exigiria a participação de todos, devido à necessidade de contracenar, "jogar junto". Dessa forma, eles ainda iriam perceber o que cada um deveria fazer para que a cena apresentasse o que conversávamos.

Depois, enquanto lanchávamos, Luana relembrou que, na aula passada, com a ausência de Alan, Vitório estava mais participativo. Ela notou que, na aula de hoje, Vitório se mostrava mais disperso, devido ao excesso de brincadeira com o colega. Ele ouviu e disse que tentaria mudar o comportamento. Mas, em seguida, ambos tiveram que ir embora.

Na volta do intervalo, repetimos algumas vezes a primeira cena, momento em que registramos a sequência de acontecimentos da história. Encerramos a aula jogando "Corre Cotia", que também foi a palavra do dia. Porém, antes de irmos embora, ressaltei a importância de trazerem brinquedos. Falei que, se não quisessem, eles não seriam doados nem trocados. Mas frisei que poderiam ser usados como material para enriquecer nosso cenário ou para confeccionar mais brinquedos. Disse ainda para pensarem sobre os brinquedos que não usavam mais e na possibilidade que existia de eles alegrarem outras crianças que não tinham a oportunidade de tê-los.

Encontro IX
25.10.2008

Na roda inicial, lemos o nosso registro. Beatriz soube, por meio da escrita, contemplar o vivenciado com riqueza de detalhes. Depois, também lemos sobre a origem da pipa. Até combinamos de confeccionar uma, mas em outra aula. Então, discutimos sobre o superobjetivo da peça, o objetivo das personagens e sobre o conflito principal da história. As crianças tinham clareza do que estavam fazendo, comunicaram com facilidade o objetivo da peça e todo o processo que estava sendo construído. Mas, na prática, estavam bem travadas no quesito criação. Além disso, também se mostravam inseguras em relação ao texto, por mais que eu dissesse que a história era uma criação delas (em cima de um texto que já existia) e que tínhamos a liberdade de brincar com as diferentes possibilidades de resolver um mesmo problema.

Em seguida, praticamos o jogo "Confiança e Comunicação", em que um teria que guiar o outro pelo espaço, transpondo obstáculos de olhos fechados. Jogamos também "Pega-Pega Rabo" para exercitar a atenção e a flexibilidade destinada a resolver conflitos. Brincamos ainda com algumas cantigas de roda e fomos para o intervalo. Pretendíamos pular corda na praça, na intenção de chamar alguns adultos para brincar conosco, mas choveu. Então, brincamos de "Detetive" e fomos para as improvisações. Separei a turma em grupos e distribuí uma sequência de acontecimentos para brincarmos com as cenas. Lancei as reflexões: *Quem estava vivendo no bazar? Como receberiam um intruso ou alguém que tinha um sonho, no qual também corria perigo? E como convencer os demais sobre a importância do brincar?* O desafio implicava em resolver esses conflitos.

Trabalhamos também um pouco do prólogo: *Como o bazar estaria na entrada do público? Todos estariam em cena?* Brincamos com diferentes ideias. Mas as crianças estavam muito ansiosas para finalizar a peça e eu tinha que acalmá-las o tempo todo, dizendo que estávamos bem e que o processo era assim mesmo. Então, solicitei músicas para a próxima aula, explicando que seriam aquelas que eles quisessem colocar na história. Encerramos com uma roda de conversa, na qual lhes disse que, além de estarem faltando muito, também haviam parado de pesquisar para a peça. Em seguida, desenhamos o cenário e os figurinos; fizemos o "Merequetê", o "Dig Dig Joy" e ainda gritamos a palavra final, que foi: concentração.

Encontro x
01.11.2008

Começamos a aula com apenas duas alunas. Em roda, enquanto conversávamos sobre a peça e a falta dos alunos, Cássia chegou, mas de forma alguma queria entrar na aula porque não tinha feito o registro novamente. Fui conversar com a mãe dela, disse que não havia problema, mas, mesmo assim, a menina se mostrou irredutível, até que sua mãe a deixou no corredor e foi embora. Sem escolha, ela entrou na sala, mas fez questão de mostrar que não queria participar. Mesmo com caneta e papel na mão, não se manifestava. Disse até que não sabia o que o cenário deveria ter e nem como seria seu figurino. Percebi que o melhor era irmos para nossos jogos. Fizemos, então, uma brincadeira em dupla, em que cada um deveria falar em voz alta para que o outro escutasse, mesmo estando a aproximadamente cinco metros de distância. Os pares foram:

- Lúcia e Vitório (Tiveram um excelente empenho).
- Grazi e Luana (Grazi demorou para falar alto, parecia ter vergonha, já que ficava com a face rubra).
- Beatriz e Ryan (Além de se divertirem muito, foram os melhores no exercício, já que superaram o barulho e o desafio de se fazerem ouvir e ouvir o outro).
- Cássia e Nadir (Não tiveram problemas para realizar a tarefa).

Em seguida, fiz uma divisão em diagonal na sala; um lado seria o campo de lentidão e o outro, o mais rápido. As crianças deveriam respeitar as instruções, que previa a tentativa de uns pegarem os outros e, evidentemente, a fuga de quem estava para ser pego. Do lado da sala, que era o campo da lentidão, se movimentariam em câmera lenta e, do outro, o campo da rapidez, de modo normal. Ryan e Vitório deram muita risada, divertiram-se muito, porém, tiveram dificuldade em respeitar o lado "lento", devido à pressa de passar para o lado "rápido". Eles não conseguiam controlar a ansiedade.

Depois desse exercício, entreguei um papel com um trava-língua diferente para cada um deles. Expliquei que deveriam ser lidos enquanto caminhavam pela sala. Mas, em determinado momento, teriam que parar em qualquer lugar e lê-los, um de cada vez, sem deixar nenhuma lacuna de silêncio. Assim, além de observarem os outros para não atropelar ninguém, ainda teriam que roubar o foco. Nesse exercício, Ryan e Vitório sempre levantavam a mão para falar. Eles não conseguiam, simplesmente, roubar o foco, já que se prendiam à necessidade de perguntar se poderiam falar. Cássia e Nadir falaram baixo demais, demonstrando pouca iniciativa. Porém, quando o silêncio se instalou na sala, Beatriz roubou o foco e expressou sua frase em alto e bom som. Grazi, por sua vez, seguia em frente, mesmo quando Cássia falava junto. Pela primeira vez demonstrou atitude. Logo após, organizei as crianças em dupla para que fizessem o mesmo exercício. Dessa vez, em parceria com Nadir, Carolzinha falou e riu, mas, quando percebia que estava sendo observada, ficava muda novamente. Parecia que não gostava de mostrar que se divertia.

Em seguida, eu e Natália interpretamos para as crianças a lenda do Sapatinho Vermelho; ela com o texto e eu com o corpo. Formamos uma roda e perguntamos para as crianças o que haviam entendido:

– A menina desobedeceu a sua mãe adotiva – disse Lúcia.
– Se não fosse desobediente, ainda teria seus pés – complementou Grazi.

Como contamos uma lenda para as crianças, elas relacionaram a lenda com a história que estávamos montando.
Luana comparou a lenda com a nossa história da peça;
Grazi chegou atrasada e pediu desculpas;
Apenas Luana, Lúcia e Ryan falaram sobre os acontecimentos da peça e os conflitos em nossa reflexão antes da Grazi chegar.
Fomos para o ensaio:

Cena na loja de brinquedos usados – todos são brinquedos que ganham vida à noite.
Ryan inovou, pedindo uma pizza no improviso que estavam fazendo. Ele mesmo simula a entrega da pizza.
Grazi cantava e se assusta com o barulho, perguntando:

– Que barulho é esse?!

Todos se escondem.
Uma mulher entra e, assustada, foge.

>   LÚCIA: Vocês viram esta mulher, que esquisita! Não entendo por que os humanos têm medo da gente!
>   CÁSSIA (avisando): Gente, "a barra tá limpa", vamos brincar!

Coloquei música de brincadeira e todos estavam se divertindo.

>   LÚCIA: Também vou brincar.
>   GRAZI: Não, você não! Você vai costurar o meu vestido!
>   NADIR: Vamos brincar de pega-pega.
>   BEATRIZ: Alerta, gente chegando!

Todos se escondem.
Entra um moleque e se esconde também.
Um policial entra procurando o moleque e diz:

>   – Eu te pego moleque, eu sei que você está aqui! (Sem achar nada, o policial vai embora.)

O menino sai do esconderijo e imita o policial. Acha um lugar para dormir e, assim, os brinquedos aparecem.

>   VITÓRIO: Ai, que menino fedido! Precisa tomar um banho.
>   LUANA: Como cheira mal, parece um gambá.
>   BEATRIZ: Já sei, a gente podia espetar o dedo dele numa roca para ele dormir pra sempre!
>   GRAZI: Ei! Princesa Beatriz, isso aqui não é a história da Bela Adormecida!
>   CÁSSIA: Bom, já que não dá pra tirá-lo daqui, por que ele não participa do baile?
>   RYAN: Um humano no nosso baile?!? Ah, não! Protesto.

Paramos de ensaiar e, então, fomos brincar de "Escravos de Jó" em pé, de "Dig Dig Joy" e de "Pé-Dedo-Mão". Conversamos também sobre os novos diálogos que foram criados simplesmente porque eles entraram na brincadeira e se divertiram. Por conseguinte, a palavra do dia foi: brincadeira.

Encontro XI
08.11.2008

Nossa roda era uma alegria só. Como em poucas aulas, os alunos vieram em peso e até trouxeram uma amiga muito participativa. Conversamos sobre o nosso trabalho e lemos o registro que novamente foi feito na sala, pois a aluna responsável por ele não o trouxe. Então, eu disse que achava que eles queriam ficar com o caderno em casa, por ele estar tão bonito e criativo, afinal ele estava faltando muito nas aulas. Apresentei as músicas referentes aos textos, para que as crianças improvisassem como quisessem. As meninas começaram a brincar com diferentes formas de cantar e a amiga de Lúcia dirigiu as canções perfeitamente. Enquanto isso, os meninos brincavam. Em seguida, dividi a turma em grupos e dei a eles o desafio de improvisar as músicas para colocarmos na história. Fiquei encantada com a criatividade de todos. Lancei também o desafio do aquecimento com alguns jogos: "Salada de Fruta", "Gato Mia" e "Guerreiro", para diminuir um pouco a ansiedade. Os maiores queriam só ensaiar e os menores, apenas brincar: um contraponto perfeito para o tema, que fui trabalhando e mediando com naturalidade, explicando que em nosso processo precisava desenvolvê-los de forma harmônica.

Encontro XII
22.11.2008

Iniciamos a aula em roda, para discutirmos as cenas da peça. Apenas Luana, Vitório e Carolzinha foram pontuais. Em seguida, chegaram Alan, Nadir e Cássia. Logo depois, tive que chamar a atenção de Vitório e Alan para que se integrassem à roda, já que brincavam muito e não estavam participando. Repassamos o texto e as músicas para decidir a sequência dos acontecimentos e quais canções seriam intercaladas. Devido ao atraso das próprias crianças, não sobrou tempo para os jogos. Assim, tivemos que ir diretamente para o ensaio da peça, o que com certeza dispersou o grupo e fez a ansiedade imperar. Cássia, por exemplo, demonstrou muita iniciativa, mas ninguém continuou ou opinou sobre sua improvisação. Grazi aparentava medo e, apesar de Lúcia lhe sugerir algumas frases, seus olhos enchiam-se de lágrimas. Como eu sabia que a menina era muito tímida, demonstrava insegurança e esperava aprovação, há tempos eu vinha conversando com ela. Inclusive já a havia deixado livre para escolher se queria ou não fazer a personagem. No entanto, também via suas conquistas. Como ela queria estar em cena, eu sabia que, aos poucos, ia adquirir confiança. Além disso, eu estimulava sua iniciativa e prontidão durante os jogos e a elogiava a cada pequeno passo que dava. Grazi, por sua vez, demonstrava estar entusiasmada e muito atenta. Porém, em relação aos outros do grupo, Grazi corrigia todo mundo, atropelava os pequenos e não dava tempo para a cena acontecer. Se, por um lado, isso era bom, por outro, fazia com que o grupo deixasse de ser produtivo, uma vez que chegava sempre atrasada, mesmo compondo sua parte. Percebi também que, em todas as cenas, ela interrompia os demais, de maneira impaciente e, em seguida, nos olhava procurando aprovação.

Diante dessas situações, relembrei que o nosso superobjetivo era a importância da brincadeira e do brincar. Tentei mostrar que o comportamento dos menores também compunha a peça.

Conversarmos também sobre o que os incomodava e sobre a importância de não falar, enquanto o outro falava, porque assim todos poderiam ser ouvidos. Expliquei que quem faltava primeiro teria que observar os demais para perceber o que já vinha sendo realizado pelo grupo, porque de uma semana para outra muita coisa mudava. Frisei que tínhamos avançado muito nas atitudes de decisão, tanto que quando Cássia disse que ia ser a boneca que contaria a história do Sapatinho Vermelho, fiquei muito feliz porque, além de estar vencendo a timidez, também demonstrava que vinha adquirindo confiança no que fazia. Falei também sobre as muitas brincadeiras fora de hora que prejudicavam, por demais, o ensaio, e que, em função disso, não fazíamos o lanche no momento combinado. Salientei, ainda, também que o aquecimento era essencial para o preparo do grupo antes de qualquer improvisação. Consequentemente, a palavra do dia foi: disciplina.

Encontro XIII
29.11.2008

Nossa aula se iniciou com apenas três alunos e o registro também não chegou. Tivemos que fazê-lo em roda, a partir da nossa memória. Mesmo assim, depois teríamos que anexar a folha no caderno. Conforme o combinado, construiríamos a pipa. Coloquei no centro da roda todo o material que tínhamos à disposição. Lemos sobre a origem da pipa e expliquei que aquelas que fossem confeccionadas fariam parte do nosso cenário. Coloquei uma música e começamos a trabalhar. Foi maravilhoso! Enquanto os menores me ajudavam, os maiores produziam, concentrados, cada um do seu jeito. Prosseguimos até a hora do intervalo, quando paramos para organizar a sala, lanchar, conversar e montar o cenário com os brinquedos construídos. Logo após, Luzy, a costureira, chegou para fazer a prova do figurino! Foi uma festa! Embora ainda fosse possível opinar e decidir por qualquer alteração, as crianças adoraram! Porém, como levamos muito tempo, não consegui aplicar nenhum jogo. No momento do aquecimento, propus o jogo "Do Pulinho" para exercitar a sintonia do grupo. Por fim, tivemos tempo para fazer mais um ensaio. Lúcia e Luana queriam conversar comigo. Pediram que eu tirasse as músicas da peça, pois só os maiores as cantavam e elas estavam achando horrível. Respondi que, frente ao que ainda não sabíamos, teríamos que aprimorar e não desistir. Disse também que teríamos mais ensaios e, caso não funcionasse, repensaríamos. Mas desistir antes de tentar, não! Depois, enquanto Natália repassava a sequência das cenas com o grupo, conversei em separado com Cássia e Grazi. Percebi também que Ryan se mostrava muito atento e vivo. Ele trazia em si a leveza de fazer teatro, já que brincava com os acontecimentos de forma muito natural.

Encontro XIV
06.12.2008

Antes do início da aula e enquanto as crianças não chegavam, eu e Natália arrumamos os brinquedos e o baú no cenário, e penduramos as pipas na cortina. Fizemos tudo isso para receber as crianças na atmosfera da peça. Beatriz e Luana chegaram pontualmente. Em seguida, foi a vez de Cássia. Grazi, que também já estava na sala, contou que deixou de ir a um jogo de vôlei para estar no ensaio, porque ficou pensando no que eu lhe havia dito informalmente em outra aula, quando me perguntou sobre o que achava de ela se profissionalizar no esporte. Nesse dia, respondi a ela que não podemos fazer tudo, porque, se fizéssemos muitas coisas, não faríamos nada por inteiro. Como ela já fazia balé, música, escola e teatro, expliquei que deveria pensar no que queria investir e, ao mesmo tempo, no que gostava mais de fazer. Depois dessa conversa, pedi à secretária da escola que ligasse para as crianças, já que era o último ensaio e não havia quase ninguém na sala. Nosso registro também não foi entregue nesse dia. Luana e Ryan chegaram nesse ínterim. Então, fizemos mais um dado para o cenário, retocamos alguns brinquedos e jogamos "Barra-Manteiga" com desafios para quem fosse pego. Após decidirmos quem falaria o que e em que momento, fomos para o ensaio, ainda sentados na roda, na qual também treinamos as canções. Tive que substituir algumas personagens, mas foi bom porque conseguimos evoluir bastante na estrutura da peça. Além de todos estarem muito concentrados e envolvidos no que faziam, ainda ensaiamos e brincamos com as possibilidades de resolver as questões que apareciam em cena. Primeiro, ensaiamos sem fala, só nos olhando e fazendo as ações. Depois, fizemos tudo bem rápido e, mais uma vez, em um tempo normal. Por fim, ressaltei a importância de se chegar cedo à próxima aula, na qual faríamos um ensaio geral no teatro onde aconteceria nossa apresentação final para os pais. Nesse dia, a palavra escolhida foi: sucesso.

Encontro XV

11.12.2008

Saímos da unidade de Alphaville para realizarmos o ensaio geral na unidade onde acontecem todas as apresentações. Quando as crianças chegaram ao teatro, ficaram eufóricas! Arrumamos o cenário, explorando bem os espaços. Como a costureira havia deixado os figurinos na véspera e o camarim já estava preparado, ainda conferimos todas as roupas para verificar se tudo estava correto. Em seguida, organizamos a coxia. Com tudo pronto para começar o ensaio, pedi que todas as crianças fossem ao palco, onde fizemos um aquecimento com jogos para a percepção do novo espaço, concentração e descontração. Contudo, o ensaio não foi nada bom. Elas tiveram bastante dificuldade em se adaptar ao novo teatro, já que deixaram muitas lacunas no texto e demonstraram problemas em interagir no espaço. Então, fizemos uma roda e conversamos sobre o ensaio. Eu disse que era o último dia, pedi que improvisassem quando esquecessem alguma coisa e que fizessem o que sempre fizeram em aula, inclusive ajudando os colegas em cena e fora dela. Relembrei o combinado que fizemos no final da aula passada: silêncio na coxia. Falei que no palco seria pura diversão, portanto, que brincassem com a história. Gritamos "merda!" e, por fim, começamos um novo ensaio, que foi bem melhor e mais divertido, pois conseguiram improvisar diante dos "brancos" que surgiram. Pedi ainda para Natália dizer o que achou do ensaio. Para as crianças, era muito bom ouvir outras opiniões. Depois conversamos sobre a concentração e elogiei a habilidade que tinham de brincar frente a algum problema que aparecesse.

Depois da experiência, voltamos para nossa unidade onde acontecem as aulas de teatro e ensaiamos mais um pouco. Porém, foi muito desgastante, já que todos estavam exaustos. Senti que não adiantava exagerar para compensar as ausências nas aulas. As crianças precisavam de estímulos nas improvisações, e na hora do espetáculo iríamos constatar toda a apropriação e liberdade de criação. Então, fomos para a praça brincar de "Alerta", e foi muito bom. As crianças se descontraíram, inventaram regras para o jogo e se divertiram muito.

Síntese

"A brincadeira está naqueles que têm a memória cheia de aventuras infantis e, entre uma viagem e outra, o brincar surge das formas mais inusitadas", sugere Renata Meirelles, autora do documentário e livro *Giramundo e Outros Brinquedos e Brincadeiras*.

A proposta do grupo de professores e da Coordenação do Teatro Escola Macunaíma era a de resgatar o lúdico e fortalecer os princípios de cooperação, autonomia, autoria e criatividade. Dessa forma, nossa base de desenvolvimento foram os jogos teatrais, pois os mesmos são extremamente poderosos na formação do comportamento, segundo Robert J. Havighurst, professor de pedagogia da Universidade de Chicago, que observou como os jogos são essenciais no aprendizado dos princípios morais humanos. Jean Piaget, bem como muitos outros pesquisadores, também deixa claro que é principalmente por meio da atividade física que a criança aprende como o mundo funciona e como ela deve funcionar dentro desse mesmo mundo. Portanto, se as brincadeiras organizadas, como os jogos e os esportes, preparam as pessoas para a vida, entre as crianças os jogos de que participam também se tornam seus próprios jogos de vida.

Dessa forma, vivenciamos alguns deles que, além de estimular a cooperação, aos poucos também foram instalando um ambiente mais harmonioso, no qual os alunos novos se sentiram acolhidos como parte do grupo. Por sua vez, os jogos cooperativos facilitaram a participação com o outro e não contra o outro. Por meio desses jogos, percebemos que podíamos, em conjunto, vencer cada obstáculo encontrado, pois o teatro é a arte da construção coletiva. Dessa maneira, enfrentávamos todos os bloqueios referentes à criação e, até o último minuto, as crianças apresentaram possibilidades para resoluções diante de qualquer problema, inclusive durante o espetáculo.

O lanche coletivo também foi outro modo de estimular a relação entre as crianças; a cada aula alguém trazia algo para ser compartilhado. Por conseguinte, foi muito prazeroso ver o resultado no grupo que se sentava em roda e colocava, de maneira natural, o lanche para ser dividido por todos, enquanto a conversa fluía sobre a semana, sobre algo da peça ou em relação a alguma ideia. Percebi que esse momento coletivo era respeitado por todos e tornou-se um lugar onde todos se ouviam.

Eu, como professora-mediadora, tinha o papel de mostrar as diversas possibilidades em relação às brincadeiras e jogos, adequando a imaginação à realidade, por meio do diálogo e da reflexão sobre o vivenciado. Portanto, a decisão referente ao tema foi tranquila, já que partimos da característica do grupo, que aceitava e solicitava muitas brincadeiras. Já o processo de síntese coletiva demorou um pouco mais para acontecer e gerou certa ansiedade em alguns dos alunos mais antigos do grupo. Mas tal fato foi tratado com naturalidade e diálogo em todo momento necessário. Logo, todos participaram, alguns com pesquisas, outros com ideias que surgiram durante as improvisações, mas cada um deu sua contribuição e teve liberdade para participar.

Além de tudo o que já foi mencionado, nossa maior conquista foi constatar a transformação de cada um, de acordo com seu ritmo e habilidades. Aos poucos, eles também foram entendendo que criar levava tempo, escuta e integração. Aprenderam também que o registro nos norteava na construção do espetáculo, pois com a dificuldade do diário de bordo chegar às aulas, tivemos que começar a fazê-lo no início da aula e assim as crianças perceberam que estávamos perdendo tempo e começaram efetivamente a realizá-lo em casa. Enfim, aprenderam a brincar com as possibilidades. Porém, o que mais me encantou nesse grupo foi a leveza nas criações. Embora houvesse muitos estímulos para a construção coletiva, no espetáculo apresentado eles revelaram a autonomia adquirida ao longo do processo e se divertiram na criação, aspectos esses que eram meus principais objetivos como mediadora da turma.

A escola, em outra estratégia de sua pedagogia, também adotava como prática uma reunião final com os pais das crianças. Durante o processo, fui fazendo o registro das diversas áreas de conhecimento que nos serviam em sala de aula: relações intra e interpessoais, autoconhecimento, múltiplas inteligências, diferentes descobertas etc. Então, fizemos um encontro individual com cada pai e mãe interessados na devolutiva do processo que seu filho percorreu conosco no semestre, e eles ficaram encantados com o olhar de um curso de teatro tão individualizado, capaz de perceber o desenvolvimento das crianças de forma tão peculiar.

A MAGIA DE SER CRIANÇA

O espetáculo em si foi rico na abordagem dos conceitos propostos pela escola e também no trabalho individual e coletivo. Na apresentação final, as crianças revelaram intimidade com esses mesmos conceitos, utilizando-os com precisão de acordo com a necessidade apresentada. A estrutura da narrativa foi alcançada em sua plenitude e as crianças apresentaram autoria na criação, autonomia na execução, criatividade na improvisação, apropriação da história e cooperação na resolução de problemas. Elas jogaram com a arte coletiva do teatro. Desse modo, focamos a formação global da criança, fornecendo instrumentos para a vida e não só para atores e atrizes. Em consequência, posso dizer que nosso objetivo foi alcançado!